DAMIT SIE SICH KEINEN MILLIONÄR ANGELN MUSS ...

Copyright 2019:
© Börsenmedien AG, Kulmbach

Gestaltung Cover: Holger Schiffelholz
Gestaltung und Satz: Sabrina Slopek
Bildquellen: iStockphoto
Gesamtherstellung: Daniela Freitag
Lektorat: Elke Sabat
Korrektorat: Karla Seedorf
Druck: CPI books GmbH, Leck, Germany

ISBN 978-3-86470-636-3

Bibliografische Information der Deutschen Nationalbibliothek:
Die Deutsche Nationalbibliothek verzeichnet diese Publikation in der
Deutschen Nationalbibliografie; detaillierte bibliografische Daten
sind im Internet über <http://dnb.d-nb.de> abrufbar.

BÖRSEN MEDIEN
AKTIENGESELLSCHAFT

Postfach 1449 • 95305 Kulmbach
Tel: +49 9221 9051-0 • Fax: +49 9221 9051-4444
E-Mail: buecher@boersenmedien.de
www.boersenbuchverlag.de
www.facebook.com/boersenbuchverlag

JESSICA SCHWARZER

DAMIT SIE SICH KEINEN MILLIONÄR ANGELN MUSS ...

Erfolgreiche Finanzplanung für Frauen, die unabhängig sein und bleiben wollen

Börsenbuch verlag

Für alle Finanz-Heldinnen und vor allem für alle, die eine werden wollen!

INHALT

FINANZEN MÜSSEN FRAUENSACHE SEIN

1

D amit sie sich keinen Millionär angeln muss? Im Ernst? Diese Zeile klingt doch arg antiquiert, ein Klischee aus den 1950er-Jahren. Aus dieser Zeit stammt auch der Filmklassiker „Wie angelt man sich einen Millionär?" mit der legendären Marilyn Monroe, an der dieser Buchtitel mit einem Augenzwinkern angelehnt ist. Der Film ist eine herrlich unterhaltsame Geschichte um drei Mannequins, so hießen die Models damals noch, die sich auf die Suche nach einem möglichst reichen Ehemann machen, der bitte ihr Leben finanzieren möge. Drei Püppchen auf der Suche nach einem Versorger also. Von diesem Klischee haben wir uns zum Glück weit, weit wegbewegt. Wir sind selbstständiger, haben eine gute Ausbildung, einen Job, sind auf der Suche nach der großen Liebe, aber nicht nach einem Versorger.

Vorgelebt wurde es uns oft noch ganz anders: Papi kümmert sich um die Finanzen. Klar, er verdient ja auch das Geld. Mami kümmert sich um die Familie. Wenn überhaupt, dann arbeitet sie Teilzeit. So oder so ähnlich sind die meisten von uns aufgewachsen und sozialisiert worden. Das klassische Rollenbild unserer Mütter, Großmütter und Urgroßmütter mag ein wenig überholt sein, aber für viele ist das auch heute noch der bevorzugte Lebensentwurf. So weit, so gut. Für die eigenen Finanzen, für den Vermögensaufbau und die Altersvorsorge ist das aber Gift. Wir setzen uns einem enormen Risiko aus.

Hält die Ehe „für immer und ewig", fällt das nicht so sehr ins Gewicht. Wehe aber, wenn die Partnerschaft in die Brüche geht. Mehr als jede dritte Ehe wird geschieden, doch diese Statistik schreckt uns scheinbar nicht ab. Wir denken eben lieber, dass wir zu den 60 Prozent gehören, die es schaffen. Und wenn nicht? Emotional ist so eine Trennung sehr schwierig, Gefühle werden verletzt, Lebensentwürfe zerbrechen. Weit schlimmer ist aber oft der finanzielle Schaden. In den meisten Fällen stehen Frauen, die das klassische Familienbild gelebt und sich nicht entsprechend abgesichert haben, vor einer finanziellen Katastrophe. So weit muss es nicht kommen.

Auch weibliche Singles haben finanziell das Nachsehen. Frauen verdienen noch immer weniger, neudeutsch „Gender Gap". So viel zum Thema Emanzipation. Die Folge: Männer häufen die größeren Vermögen an, weil sie mehr verdienen und oft schneller Karriere machen. Frauen haben viel weniger Vermögen als Männer. Dadurch haben wir statistisch gesehen einen weitaus geringeren finanziellen Spielraum als die meisten Männer. Besonders deutlich zeigt sich das beim Nettogeldvermögen, da klafft eine Lücke von stolzen 31 Prozent. Während jeder Mann statistisch über 36.400 Euro verfügt, sind es bei Frauen nur 25.200 Euro. Da wundert es kaum, dass auch die Rentenkonten der Männer prall(er) gefüllt sind. Frauen haben wirklich Nachholbedarf. Schlimmer noch: Sie sind sehr viel stärker von Altersarmut bedroht als Männer. Dieses Risiko müssen wir ausschalten. Je früher wir damit anfangen, desto besser. Allein oder gemeinsam mit unserem Partner.

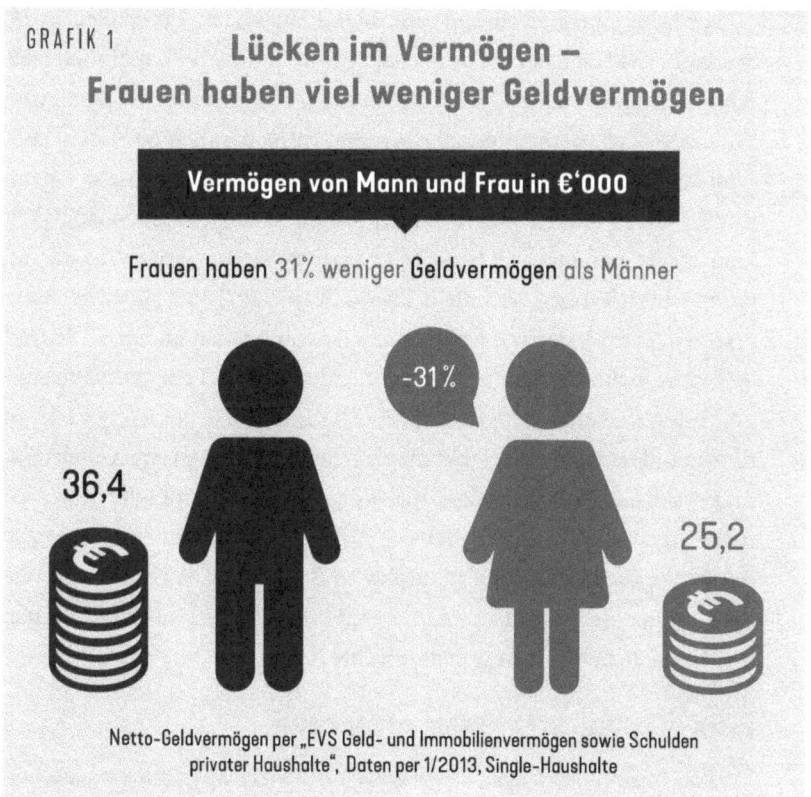

GRAFIK 1

Lücken im Vermögen – Frauen haben viel weniger Geldvermögen

Vermögen von Mann und Frau in €'000

Frauen haben 31% weniger Geldvermögen als Männer

-31%

36,4

25,2

Netto-Geldvermögen per „EVS Geld- und Immobilienvermögen sowie Schulden privater Haushalte", Daten per 1/2013, Single-Haushalte

Quelle: Destatis, Barkow Consulting; Finanz-Heldinnen

Über Geld spricht man nicht? Das stimmt zum Glück nicht mehr. Am häufigsten tauschen sich die Deutschen im engsten Familienkreis oder in der Partnerschaft zu Fragen rund um die eigenen Finanzen und die Geldanlage aus. Das ist auch richtig so. Wir müssen über Geld reden! Über die Absicherung von Risiken, Vermögensaufbau und unsere Altersvorsorge. Klingt unsexy? Mag sein, aber wenn wir es nicht tun, wenn wir uns nicht um unsere Finanzen kümmern, dann kann das in einem Drama enden. Und arm zu sein ist garantiert nicht sexy. Gerade wir Frauen müssen dringend aktiv werden. Es ist höchste Zeit, dass wir uns kümmern und finanziell möglichst unabhängig werden. Das ist auch gar nicht so schwierig. Nur Mut!

Mir ist es eine Herzensangelegenheit, Frauen zum Umdenken zu ermutigen. Geld ist auch Frauensache, muss es sein. Es gibt natürlich viele Klischees über Frauen und fast noch mehr Klischees über Frauen und Finanzen. Zeit, dem entgegenzuwirken. Es ist nämlich bewiesen, dass Frauen verdammt gute Finanzentscheidungen treffen, wenn sie sich denn um ihr Geld kümmern. Und der Weg in die finanzielle Unabhängigkeit kann sogar Spaß machen. Natürlich brauchen Sie das nötige Wissen, und das möchte ich Ihnen vermitteln. Dieses Buch kann keine Finanzberatung ersetzen, denn jede Frau ist anders. Jede von uns hat andere Ziele und Wünsche, befindet sich in ihrer ganz individuellen Lebenssituation. Es gibt keine allgemeingültigen Konzepte. Was für die eine richtig ist, kann für die andere falsch sein. Aber dieses Buch liefert Ihnen einen Überblick und es soll Sie ermutigen, aktiv zu werden. Allein oder mithilfe professioneller Beratung. Leider wendet sich nur jede dritte Frau einer Umfrage der Fondsgesellschaft Fidelity zufolge an Bank- oder Anlageberater. Wie auch immer Sie sich entscheiden: Beschäftigen Sie sich mit dem Thema, es lohnt sich. Schließlich geht es um Ihre Zukunft.

Jede Frau kann für sich vorsorgen

Und die beginnt jetzt. Egal, ob Sie gerade zu arbeiten beginnen oder schon Karriere gemacht haben, ob Sie Vollzeit, Teilzeit oder gar nicht arbeiten, ob Sie jünger oder älter sind, verheiratet oder Single, ob Sie Kinder haben oder nicht. Jede Frau kann für sich vorsorgen. Und das ist auch wirklich notwendig: Frauen brauchen länger Geld fürs Alter als Männer. Junge Frauen von heute werden im Durchschnitt 83 Jahre alt und damit fünf Jahre älter als Männer. Gehen sie mit 67 in Rente, verbringen sie gut 15 Jahre im Ruhestand. Eine lange Zeit, für die es vorzusorgen gilt. Das soll Ihnen aber keine Angst machen. Fangen Sie einfach an. Auch mit kleinen Beiträgen lässt sich etwas anstellen. Und wenn das Guthaben stetig wächst, beginnt das Ganze sogar richtig Spaß zu machen.

Ich kümmere mich mit Leidenschaft um meine Finanzen und freue mich über meinen wachsenden Wohlstand. Als überzeugte Börsianerin muss ich natürlich auch Rückschläge einstecken, denn Aktienkurse schwanken. Auch den einen oder anderen Crash samt heftigen Verlusten musste ich bereits erleben. Aber das kann ich als langfristige Investorin aussitzen. Langfristig ist das Schlüsselwort! Auf Sicht von vielen Jahren bin ich ziemlich erfolgreich, kurzfristig muss ich schon mal ein paar Rückschläge ertragen. Aber das macht nichts. Ich habe Zeit. Und ich habe Lust auf Geldanlage. Ich investiere mit Leidenschaft und ich brenne für meine finanzielle Freiheit.

Leider interessieren sich die wenigsten Deutschen für Finanzthemen, das zeigen Studien immer wieder. Die Folge: Jeder vierte Deutsche beschäftigt sich überhaupt nicht mit seinen Finanzen. Auch das hat eine Studie von YouGov im Auftrag von Fidelity International ergeben. Rund zwei Drittel der Deutschen kümmern sich dagegen eher ungern um ihre Finanzen und die Geldanlage. Gut die Hälfte der Befragten (53 Prozent) befasst sich auch lediglich eine Stunde pro Monat oder weniger mit den eigenen Finanzen. Ein Fehler. Ich würde sogar sagen: grob fahrlässig. Es geht schließlich um unsere Zukunft. Und die sollte doch eher rosig sein anstatt von finanziellen Sorgen belastet.

Wie so oft unterscheiden sich Männer und Frauen in ihrem Verhalten deutlich voneinander. Vor allem beim weiblichen Geschlecht hat das Desinteresse an Finanzthemen in den vergangenen Jahren deutlich zugenommen. Jede dritte Frau will von dem Thema nichts wissen, jede fünfte beschäftigt sich zumindest ungern damit. Unter den Männern kümmern sich fast zwei Drittel mehr oder minder intensiv um Finanzthemen. Geld ist scheinbar Männersache. Womit leider auch einmal wieder ein Klischee bedient wird. Wir sollten das ändern. Wir müssen das sogar ändern!

Dabei gilt für Männer ebenso wie für uns Frauen: Die wenigsten beschäftigen sich gern mit Geld und dessen Vermehrung. Nein danke, da gehe ich lieber zum Sport! So in etwa denkt jeder zweite Deutsche, denn 50 Prozent der Bundesbürger treiben in ihrer Freizeit eher gern Sport. Bei der Finanzplanung müssen die Deutschen ihren inneren Schweinehund dagegen viel stärker überwinden. Nur 35 Prozent der Bundesbürger ziehen dies als Freizeitgestaltung in Betracht. Ich bin da völlig anders. Ich beschäftige mich gern mit meinen Finanzen und mit meiner Altersvorsorge. Mich beruhigt es ungemein, wenn ich Jahr für Jahr sehe, wie mein finanzielles Polster wächst. Natürlich setze ich dabei nicht nur auf Aktien. Ich kombiniere auch Altersvorsorgeprodukte, teilweise staatlich gefördert. Und natürlich habe ich meine Alltagsrisiken abgesichert. Es läuft, ich fühle mich sehr wohl damit. Ich bin definitiv auf einem guten Weg zu finanzieller Unabhängigkeit. Leider bin ich damit eher ein Einzelfall.

Woran das liegt? Viele von uns haben natürlich die Notwendigkeit erkannt, sich um das Thema zu kümmern. Kaum jemand würde wohl sagen, dass Geldanlage und Altersvorsorge völlig unwichtig sind. Daher ist es auch nicht ganz richtig, zu schreiben, viele Deutsche würden sich auf den Staat verlassen. Es ist eher eine Art Resignation. Aus Angst, in Gelddingen Fehler zu machen, tun viele erst einmal nichts. Und so ziehen wertvolle Jahre ins Land, die später für den Vermögensaufbau fehlen. Doch warum schrecken so viele vor dem Thema zurück? Häufig höre ich, dass Finanzen einfach viel zu kompliziert sind, dass es an den nötigen Kenntnissen fehlt. Das mag durchaus sein. Aber daran können wir etwas ändern. Nicht umsonst heißt es doch immer, „Lesen bildet". Und zu fragen hilft auch! Löchern Sie Berater und jeden anderen Experten, den Sie treffen. Hinterfragen Sie, informieren Sie sich, werden Sie aktiv. Wir müssen einfach wissen und einschätzen können, was Inflation, Nullzinsen oder Arbeitslosigkeit mit unserem Leben und unseren Finanzen machen. Wissen ist die wichtigste Voraussetzung für vernünftige Entscheidungen, vor allem wenn es um unser Geld geht – von der Gehaltserhöhung bis zur Geldanlage.

Noch wichtiger als Faktenwissen ist dabei übrigens das Denken in ökonomischen Konzepten. Wenn ich nicht mit Wahrscheinlichkeiten – oder eben mit Risiken – umgehen kann, dann werde ich im Allgemeinen schlechtere Entscheidungen treffen als die Informierten. Doch wer weiß eigentlich wie viel über die Wirtschaft in Deutschland? Studien zeigen: Vor allem Geschlecht, Bildung, Vermögen und Alter sind von Bedeutung. Höhere Bildung, höheres Vermögen und höheres Alter verbinden sich positiv mit mehr Faktenwissen, und Frauen wissen weniger als Männer. Bei Fragen zum ökonomischen Denken und Handeln sind vor allem Bildung und Alter relevant. Viele Menschen in Deutschland haben ganz grundsätzliche Dinge wie Zins, Zinseszins und Realzins nicht verinnerlicht. Eine repräsentative Umfrage des Bankenverbands hat sogar vor einiger Zeit gezeigt, dass 59 Prozent der 14- bis 24-Jährigen nicht einmal wissen, was das Wort „Rendite" bedeutet. Von Aktien, Dividenden, Anleihen und anderem gar nicht zu reden. Das macht verwundbar!

Wenn es um die Geldanlage geht, dann fehlt es vielen nicht nur an Wissen, sondern eben auch an einer gewissen Detailliebe oder Zähigkeit. Wenn wir einen Urlaub buchen, wälzen wir stundenlang Kataloge und suchen im Internet nach den besten Angeboten. Wir vergleichen, rechnen nach, lesen Online-Bewertungen. Wenn wir uns ein neues Auto kaufen, verbringen wir ganze Wochenenden in Autohäusern. Wir informieren uns über technologischen Fortschritt, Sicherheit und Extras. Wir fahren Autos Probe, verbringen Stunden mit dem Konfigurator auf der Internetseite des Herstellers. Ein Kleid für einen ganz besonderen Anlass? Auch das kann dauern. Vor allem, wenn dann auch noch Schuhe, Tasche und Schmuck ausgewählt werden müssen. Wenn es dagegen um eine zusätzliche Altersvorsorge im Wert von mehreren Zehntausend Euro geht, muss es schnell gehen. Wir verlassen uns auf den Staat oder die Finanzindustrie. Wird schon gut gehen. Hoffentlich. Ich kann es nur immer wieder wiederholen: Informieren Sie sich, nehmen Sie sich Zeit, vergleichen Sie. Ein Finanzprodukt muss gut zu Ihnen passen, besser noch als Auto oder Kleid, denn es ist die langfristigere Entscheidung. Unterzeichnen und kaufen Sie nichts, was Sie nicht verstehen.

Woran liegt es wohl, dass wir uns weniger mit Geld beschäftigen als Männer? Die meisten von uns lernen es nicht anders. Schon im Kindesalter nimmt das Drama seinen Anfang. Wir werden so sozialisiert.

Meistens haben sich unsere Väter um die Konten, die Versicherungen, den Vermögensaufbau gekümmert. Unsere Mütter waren für den Haushalt, die Kindererziehung, für das soziale Leben zuständig. Wahrscheinlich haben wir uns an ihnen orientiert. Psychologen haben sich ausführlich mit der Psychodynamik von Geld und Besitz beschäftigt. Das Ergebnis: Das Entscheidende für den Umgang mit Finanzen ist nicht das Wissen, das wir darüber haben oder uns aneignen können. Das Entscheidende ist vielmehr unsere eigene Beziehung zum Geld. Es ist eine unbewusste, emotionale Beziehung, geprägt von unserem Elternhaus. Denn was wir zu Hause als Kinder über Finanzen und den Umgang mit Geld lernen, bestimmt später, wie wir mit Geld umgehen. Ich habe vom klassischen Familienmodell nicht besonders viel mitbekommen, weil meine Eltern sich früh getrennt haben und ich so eine Mutter hatte, die sich sehr wohl um die Finanzen gekümmert hat. Das hat mich geprägt, das habe ich übernommen. Aber damit gehöre ich wohl zu einer „Minderheit".

Es ist verrückt: Nach Jahrzehnten der Emanzipation hat sich auf dem Gebiet der Geldanlage nicht viel getan. Warum eigentlich? Überall fordern wir – zu Recht – Gleichberechtigung, nur beim Thema Finanzen nicht. Dabei ist das der größte Fehler, den wir machen können: uns nicht um unser Geld zu kümmern. Der zweitgrößte: es dem Mann an unserer Seite zu überlassen. Es sollte uns dabei auch nicht nur darum gehen, unsere Rentenlücken zu füllen. Obwohl das natürlich wichtig ist. Es geht um mehr. Unser Ziel: finanzielle Unabhängigkeit. Wäre das nicht super? Wir müssten uns nie mehr oder nur noch sehr, sehr selten Sorgen über unsere Finanzen machen. Wir könnten leben, wie wir möchten. Wir könnten uns ab und zu etwas gönnen. Altersarmut wäre kein Risiko mehr. Auch dann nicht, wenn die Ehe vielleicht in die Brüche geht.

Jede von uns definiert finanzielle Unabhängigkeit natürlich anders. Für die eine ist es das finanzielle Polster, um jederzeit ein Sabbatical einlegen oder den Job an den Nagel hängen zu können und in die Selbstständigkeit zu starten. Für die andere ist es die Freiheit, überhaupt nicht mehr auf ein Arbeitseinkommen angewiesen zu sein. Oder einfach nur die üppige Altersvorsorge. Mitunter geht es auch darum, dass die Familie in einem gewissen Wohlstand leben kann. Definieren Sie, was finanzielle Freiheit für Sie bedeutet, welche Ziele, Wünsche und Träume Sie im Leben haben. Und denken Sie darüber nach, wie wichtig Ihnen Geld ist. Finanzielle Freiheit bedeutet immer auch persönliche Freiheit – etwa Männer und Arbeitsplätze verlassen zu können, den eigenen Lebensentwurf noch einmal völlig umzukrempeln.

Für mich gehört zur finanziellen Unabhängigkeit zuallererst, dass ich mir keine Sorgen um meine Altersvorsorge machen muss, dass ich das Risiko Altersarmut ausgeschaltet habe. Aber für mich heißt finanzielle Unabhängigkeit auch, dass ich mir etwas leisten kann, dass ich nicht für jeden Wunsch monatelang sparen muss. Sie heißt für mich, dass ich nicht ständig rechnen muss, bevor ich essen gehe oder einen Wellness-Tag einlege. Raus aus der sicheren Festanstellung, rein in die relativ unsichere Selbstständigkeit – auch das ist Freiheit. Ich habe früh angefangen, Geld zu sparen und dann zu investieren. Mein Notgroschen ist immer etwas üppiger als eigentlich nötig. Ich mache mir zwar gern Gedanken über Geld. Das ist als Finanzjournalistin ja auch mein Beruf. Aber ich muss nicht ständig über Geld nachdenken, zumindest im Privatleben nicht. Ich bin auf meinem Weg zur finanziellen Unabhängigkeit schon relativ weit gekommen.

Drei Fragen sind auf diesem Weg entscheidend: Wo stehe ich aktuell mit meinen Finanzen? Welche Ziele habe ich mittel- und langfristig? Wie stelle ich mir mein Leben im Alter vor? Der wichtigste Tipp: Legen Sie los! Warten Sie nicht mehr länger! Je früher Sie anfangen, desto eher sind Sie am Ziel. Auch kleine Schritte beziehungsweise Summen helfen. Es gibt viele Möglichkeiten, seine finanziellen Ziele, seine finanzielle Unabhängigkeit zu erreichen. Jede Frau muss ihren eigenen Weg finden. Dabei hilft dieses Buch.

Wir dürfen uns nicht mehr länger auf unsere Partner verlassen – und schon gar nicht auf die gesetzliche Altersvorsorge. Selbst wenn wir gut verdienen: Die Rente wird nicht reichen und sie ist auch nicht sicher. Wir müssen aktiv werden und uns um unseren langfristigen Vermögensaufbau kümmern. Altersarmut ist ein extremes Risiko, gerade für das weibliche Geschlecht. Und auch kurzfristig, also in unserem Alltag, gilt es, Risiken abzusichern. Kümmern wir uns darum!

VON WEGEN GLEICHBERECHTIGT

Frauen machen immer noch seltener Karriere als Männer. Wenn Sie sich für die Karriere entscheiden, steigen sie oft weniger schnell auf. In vielen Unternehmen ist die Führungsetage auch heute noch ein „Boys Club" – Ladys unerwünscht. Zumindest fühlt es sich oft so an. Es wird besser, aber eben nur langsam. Je nach Branche haben es Frauen immer noch verdammt schwer. Natürlich sind wir, wenn es um Beruf und Karriere geht, einen guten Schritt weitergekommen. Wir haben es heute einfacher als unsere Mütter und Großmütter. Auch mit Blick auf Gehalt und Rente holen wir langsam auf.

Gleichberechtigung ist in vielen Teilen unserer Gesellschaft und unserer Wirtschaft aber leider immer noch kaum mehr als ein Lippenbekenntnis. Kein Dax-Konzern wird von einer Frau geleitet. Studien zeigen immer wieder, dass Vorgesetzte diejenigen fördern, die ihnen ähnlich sind: weiß, männlich, ähnliche Ausbildung, ähnlicher Hintergrund, bis hin zum gleichen Namen. Thomas protegiert Thomas und nicht Christine oder Nathalie. Apropos Thomas: 2018 gab es in börsennotierten deutschen Unternehmen mehr Vorstandsmitglieder mit Namen Thomas oder Michael als Frauen. In den Aufsichtsräten ändert sich das Bild zum Glück langsam. Es brauchte allerdings eine Frauenquote, um uns den Zugang zu diesem „Boys Club" zu öffnen.

Und obwohl die Bundesregierung sich längst zur Gleichstellung bekennt, sieht es in den Ministerien nicht viel besser aus als in der Wirtschaft: Ein Rechercheteam der Wochenzeitung *Die Zeit* hat berechnet, dass es in der Geschichte der Bundesrepublik mehr beamtete Staatssekretäre mit dem Namen Hans gab als Staatssekretärinnen, also Frauen. Hält die Bundesregierung uns etwa von der Macht fern? Es scheint fast so. Bis heute dominieren Männer die meisten Ministerien, obwohl das seit 2001 ein Gesetz ändern sollte. Passiert ist scheinbar wenig, zumindest wenn es um die Spitzenposten geht. Wir erinnern uns auch alle an das fast schon legendäre Foto, das die neue Führungsriege um Horst Seehofer im Innen-, Bau- und Heimatministerium zeigte: neun mittelalte Männer – „zu unterscheiden nur in Körpergröße und Grauton des Anzugs", wie in den sozialen Medien und in der Tagespresse voller Häme kommentiert wurde. So viel zum Thema Gleichberechtigung.

Ich gehöre nicht zu denen, die lautstark für die Emanzipation kämpfen, noch bin ich eine Freundin von Quoten. Aber natürlich bin auch ich für mehr Gleichberechtigung. Und wenn es nicht ohne Quote geht, dann muss sie eben her. Ich habe auch ohne Quote Karriere gemacht. Ob ich aber so viel verdient habe wie meine männlichen Kollegen? Angeblich ja. Mit Gewissheit kann ich die Frage aber nicht beantworten. Und wenn doch, dann bin ich eher die Ausnahme denn die Regel. Leider. Wir müssen uns den Fakten stellen, wir müssen gegensteuern. Die Unterschiede (der „Gender Gap") sind noch immer immens. Verhandeln Sie, kämpfen Sie für die nächste Gehaltserhöhung, schließen Sie die „Lücke". Sie haben einen Finanzratgeber in der Hand, keine Karriere- oder Management-Bibel. Aber auch an dieses Thema müssen Sie ran. Karriere, Gehalt, Vermögensaufbau und Altersvorsorge – das gehört zusammen und die Zahlen sind wirklich erschreckend und sollten uns aufrütteln.

Das Dilemma beginnt übrigens bereits im Kindesalter: Mädchen bekommen weniger Taschengeld als Jungen. Warum das so ist? Keine Ahnung. Doch unbewusst erleben und erlernen wir den „Gender Pay Gap" schon ganz früh. Mädchen im Alter von vier bis fünf Jahren bekommen stolze 17 Prozent weniger Taschengeld, wie eine Studie von Barkow Consulting zeigt. Ein kleiner Lichtblick: Mit den Jahren schließt sich die Lücke ein wenig. Die Sechs- bis Neunjährigen bekommen nur noch sieben Prozent weniger Taschengeld und bei den Zehn- bis 13-Jährigen bekommen die Jungen nur noch vier Prozent mehr. Ungerecht ist das trotzdem. Machen Sie es bei Ihren Kindern bitte besser! Es ist verrückt, aber selbst beim BAföG gibt es einen „Gender Gap": Studentinnen bekommen drei Prozent weniger BAföG. Sie müssen mit 450 Euro auskommen, während Studenten im Schnitt 464 Euro bekommen.

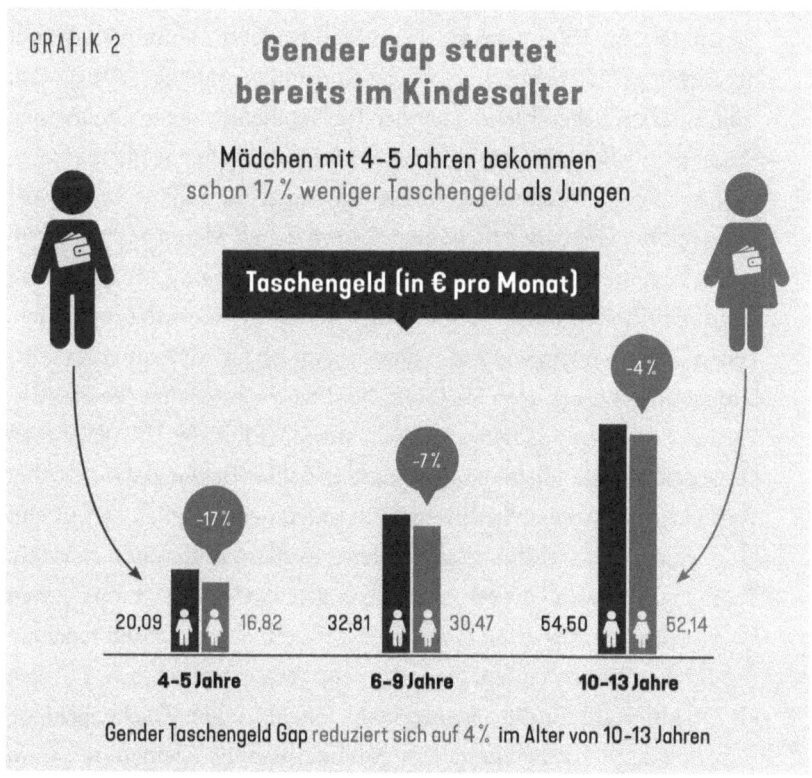

GRAFIK 2

Gender Gap startet bereits im Kindesalter

Mädchen mit 4–5 Jahren bekommen schon 17 % weniger Taschengeld als Jungen

Taschengeld (in € pro Monat)

	-17 %		-7 %		-4 %	
20,09	16,82	32,81	30,47	54,50	52,14
4–5 Jahre		**6–9 Jahre**		**10–13 Jahre**	

Gender Taschengeld Gap reduziert sich auf 4 % im Alter von 10–13 Jahren

Quelle: „Kinder-Medien-Studie 2017", Barkow Consulting; Finanz-Heldinnen

Ich weiß nicht, ob meine kleinen Freunde mehr Taschengeld als ich bekommen haben, aber ich habe immer relativ viel Budget gehabt. Das Wort „Budget" wähle ich bewusst. Ich musste von meinem Taschengeld nämlich auch Schulhefte, Stifte und Ähnliches kaufen. So habe ich gelernt, mit Geld umzugehen. Ich musste mir mein Taschengeld einteilen.

Eine ziemlich gute Idee von meiner Mutter, wie ich finde. Bringen Sie Ihrem Nachwuchs – egal ob weiblich oder männlich – auf jeden Fall so früh wie möglich bei, mit Geld umzugehen. Geld ist für Kinder etwas völlig Abstraktes. Sie lernen in der Schule wenig über ökonomische Zusammenhänge, über Finanzen oder gar Geldanlage oder einfach nur den Wert des Geldes. Dabei beginnt Konsum doch schon im Kindergarten. Die Tasche von der richtigen Marke oder die Gummistiefel mit der Lieblings-Zeichentrickfigur – der Konsumterror beginnt verdammt früh. Aber die lieben Kleinen können (und sollten!) eben in den meisten Fällen nicht alles bekommen, was sie sehen und haben wollen.

Wenn Sie Wert darauf legen, dass Ihr Nachwuchs später verantwortungsvoll mit Geld umgeht, können Sie mit dem Erklären gar nicht früh genug beginnen. Dass Geld durch Arbeit erwirtschaftet wird und man damit haushalten muss, können sogar schon die Kleinsten begreifen. Leben Sie Ihnen vor, wie man verantwortungsvoll mit dem Haushaltsbudget umgeht. Erklären Sie Ihrem Nachwuchs, wie lange Sie oder Ihr Partner für bestimmte Dinge arbeiten müssen. Ein toller Urlaub ist eben keine Selbstverständlichkeit, irgendjemand muss das Geld dafür vorher verdienen. Das sollten Sie Ihrem Kind so früh wie möglich vermitteln.

Wirklich mit Geld umzugehen lernt es dann hoffentlich mit dem Taschengeld. Es sind die ersten Erfahrungen, die wir mit einem eigenen Budget machen. Experten empfehlen, Kindern ab vier Jahren regelmäßig Taschengeld zu zahlen. Jugendämter haben entsprechende Tabellen als Orientierung für die angemessene Höhe. Mit dem Taschengeld, ob nun wöchentlich oder monatlich gezahlt, üben die Kleinen, mit Geld umzugehen. Wie lange reicht ihr „Budget", wofür geben sie es aus, wie lange müssen sie sparen, um sich größere Wünsche zu erfüllen? Wichtig ist, dass sie selbst entscheiden dürfen, wofür sie es ausgeben. Sie dürfen als Eltern natürlich beraten, aber nicht bestimmen. Geht das ganze Taschengeld schon am Monatsanfang für Süßigkeiten drauf, muss der Nachwuchs eben für den Rest des Monats verzichten. So wie es im echten Leben eben auch ist.

Klasse wäre es natürlich, wenn am Monatsende auch ab und zu ein bisschen Taschengeld übrig bleibt. Das könnte dann auf ein Sparbuch wandern. Sparen muss man schließlich auch lernen. Auch wenn das heute keine Zinsen mehr bringt, müssen wir ja Geld zurücklegen, um es dann irgendwann zu investieren. Bringen Sie Ihrer Tochter oder Ihrem Sohn also bei, wie man spart. Und vielleicht reden Sie auch über Geldanlage? Denn in der Schule wird wenig Wissen über Finanzen vermittelt. Wie wichtig die ökonomischen Zusammenhänge aber für die finanzielle Selbstständigkeit sind, was sparen und Geld leihen bedeuten, zeigt eine Erhebung des Statistischen Bundesamtes. Eine unwirtschaftliche Haushaltsführung ist nämlich – neben Arbeitslosigkeit – der Hauptauslöser für eine frühe Überschuldung. Elf Prozent der Schuldner zwischen 18 und 24 Jahren können mit Geld nicht umgehen.

Zum Glück zeigen andere Studien aber auch, dass die „Generation Z", also die Kinder und Jugendlichen, die seit Ende der 1990er-Jahre geboren worden sind, besser mit Geld umgehen. Verschuldung ist immer seltener ein Problem. Sie legen durchschnittlich sogar gut ein Drittel ihres Vermögens zur Seite, wie das Ergebnis einer Jugendstudie im Auftrag des Bankenverbands zeigt. Ihre Sparquote ist damit sogar höher als die der Erwachsenen. Die „Generation Z" spart vor allem, um sich größere Anschaffungen leisten zu können. Mit dem Start in die Ausbildung oder das Studium werden der Notgroschen und die Altersvorsorge wichtiger. Gerade für uns Frauen.

Gehalt, Boni, Sonderzahlung – Männer kassieren mehr

Denn was mit dem Taschengeld beginnt, setzt sich später fort. Frauen verdienen unter genau gleichen Bedingungen etwa acht Prozent weniger als Männer. Das ist ungerecht, keine Frage. Und beunruhigend! Viele, wenn nicht sogar die meisten Frauen unterbrechen ihre Berufstätigkeit im Laufe der Zeit oder arbeiten nur noch halbtags. Sie bekommen Kinder, möchten für ihre Familie da sein, pflegen eventuell auch Angehörige.

Durch diese Pausen und diese Teilzeit, die ja in der Regel auch weniger Verantwortung im Job bedeutet, vergrößert sich das Gehaltsgefälle zwischen Männern und Frauen weiter. Wir verdienen im Schnitt 22 Prozent weniger als die Herren der Schöpfung. Übrigens hat Deutschland den drittgrößten „Gender Pay Gap" in der Europäischen Union, an der Spitze liegt Estland, die geringste Differenz gibt es in Italien mit gerade einmal sechs Prozent. Wenig überraschend: Auch bei Boni und Sonderzahlungen kassieren die Männer mehr ab. Zahlen von Destatis zeigen, dass der „Gender Pay Gap" hier sogar bei 48 Prozent liegt – und damit mehr als doppelt so hoch ist wie bei den fixen Gehaltsbestandteilen.

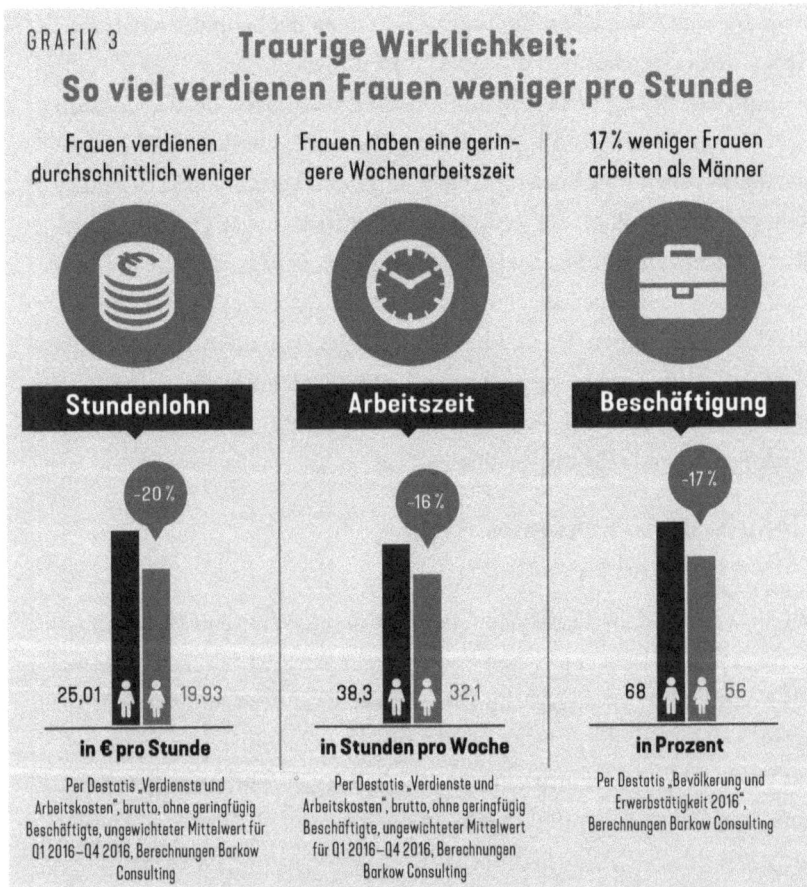

GRAFIK 3

Traurige Wirklichkeit:
So viel verdienen Frauen weniger pro Stunde

Frauen verdienen durchschnittlich weniger

Frauen haben eine geringere Wochenarbeitszeit

17 % weniger Frauen arbeiten als Männer

Stundenlohn

Arbeitszeit

Beschäftigung

-20 %

-16 %

-17 %

25,01 — 19,93

38,3 — 32,1

68 — 56

in € pro Stunde

in Stunden pro Woche

in Prozent

Per Destatis „Verdienste und Arbeitskosten", brutto, ohne geringfügig Beschäftigte, ungewichteter Mittelwert für Q1 2016–Q4 2016, Berechnungen Barkow Consulting

Per Destatis „Verdienste und Arbeitskosten", brutto, ohne geringfügig Beschäftigte, ungewichteter Mittelwert für Q1 2016–Q4 2016, Berechnungen Barkow Consulting

Per Destatis „Bevölkerung und Erwerbstätigkeit 2016", Berechnungen Barkow Consulting

Quelle: Destatis, Barkow Consulting; Finanz-Heldinnen

Dass Frauen so viel weniger verdienen, hat mehrere Gründe: Sie wählen oft die schlechter bezahlten Berufe und bekleiden seltener Führungspositionen. Frauen arbeiten häufiger als Männer in unterdurchschnittlich bezahlten Berufen, etwa als Friseurin oder Krankenschwester. Der Frauenanteil ist hier etwa fünfmal so hoch wie der Männeranteil. In Büro- und Reinigungsberufen liegt der Frauenanteil bei mehr als 70 Prozent, im Gesundheitsdienst sind es sogar fast 90 Prozent. Aber nur 13 Prozent erreicht der Frauenanteil bei Ingenieuren und nur 25 Prozent bei Chemikern, Physikern und Mathematikern.

Etwa drei Viertel des „Gender Pay Gaps", den das Statistische Bundesamt jedes Jahr berechnet, gehen auf Unterschiede in Branche, Beruf und Beschäftigungsumfang zurück. Aber sogar bei gleicher Qualifikation in gleicher Position verdienen Frauen in der Regel weniger als Männer. Das ist genauso ungerecht wie der Unterschied beim Taschengeld, aber leider noch immer Fakt. Gehaltsverhandlungen sind natürlich nicht einfach, vor allem dann nicht, wenn wir keine Ahnung haben, was andere verdienen. Doch das soll sich ändern – und damit auch das Lohngefälle zwischen Männern und Frauen. Das Entgelttransparenzgesetz erlaubt Beschäftigten in Deutschland seit Anfang 2018, zu erfahren, wie viel Kollegen für eine gleichwertige Tätigkeit verdienen. Das gilt aber nur, wenn Sie in einem Betrieb mit mindestens 200 Angestellten arbeiten. Außerdem muss es mindestens sechs Kollegen des jeweils anderen Geschlechts geben, die einen ähnlichen Job haben wie Sie. Das heißt natürlich auch: Je weiter Sie auf der Karriereleiter nach oben klettern, desto seltener finden Sie eine ausreichend große Vergleichsgruppe. Die Folge ist, dass Sie faktisch keinen Auskunftsanspruch mehr haben. Auch mit dem neuen Gesetz hat natürlich niemand ein Recht darauf, das Gehalt eines bestimmten Mitarbeiters zu erfahren. Stattdessen muss der Arbeitgeber einen Mittelwert aus dem Gehalt aller Kollegen mit vergleichbarer Tätigkeit nennen. Außerdem hat der Antragsteller ein Recht darauf, die genauen Kriterien für sein Gehalt zu erfahren. Größere Unternehmen ab 500 Mitarbeitern müssen ihre

Gehaltsstrukturen übrigens von sich aus überprüfen und regelmäßig Bericht darüber erstatten. Was ist, wenn jemand tatsächlich weniger verdient als Kollegen? Leider erst einmal nichts, zumindest nach dem Gesetz. Denn darin steht nur der Auskunfts-, aber kein Anpassungsanspruch. Ich kann Ihnen nur raten: Probieren Sie es aus. Stellen Sie eine entsprechende Anfrage in der Personalabteilung oder beim Betriebsrat. Die Antwort wird Ihnen garantiert bei der nächsten Gehaltsverhandlung helfen. Fragen kostet bekanntlich nichts, aber die Antwort könnte bares Geld wert sein. Und sie könnte helfen, den „Gender Pay Gap" langsam, aber sicher weiter zu schließen.

Was dem Kontostand sicher auch nicht guttut: Frauen haben eine geringere Wochenarbeitszeit und überhaupt arbeiten weniger Frauen als Männer. Zwar arbeiten 70 Prozent der erwerbsfähigen Frauen in Deutschland, aber fast jede zweite Berufstätige hat einen Teilzeitjob. Das mag zum Teil so gewollt sein, aber es hat eben definitiv Auswirkungen auf das Gehalt und damit natürlich auch auf unseren Vermögensaufbau und die Altersvorsorge. Die Rechnung ist einfach: Wer weniger verdient, zahlt weniger in die gesetzliche Rentenkasse ein und hat auch weniger Spielraum, um finanziell vorzusorgen und Geld zu investieren. Es ist ein wahrer Teufelskreis, ein „Finanzlücken-Teufelskreis", in dem wir Frauen feststecken. Und den müssen wir dringend aufbrechen.

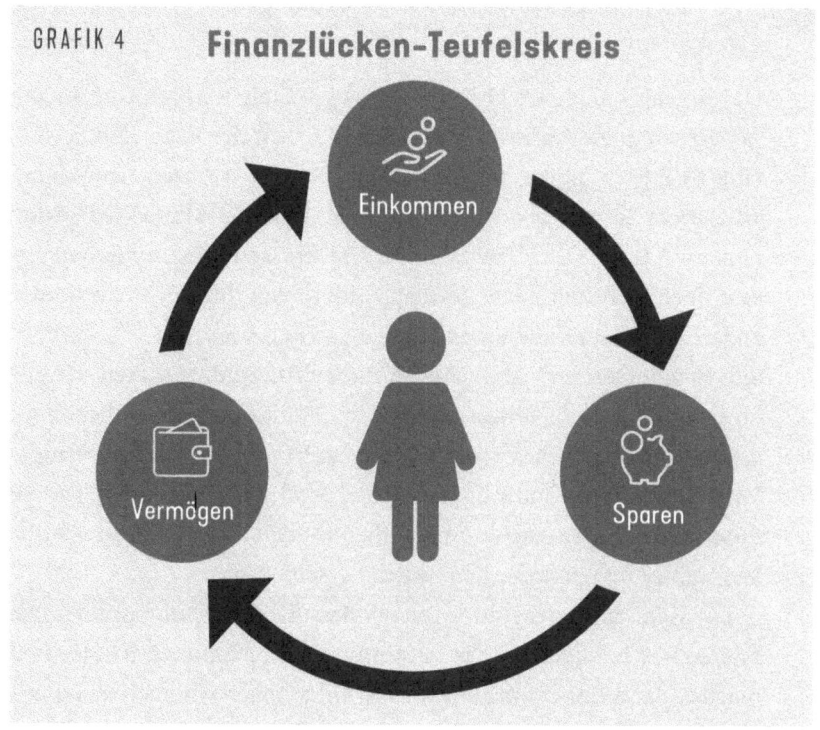

GRAFIK 4 — Finanzlücken-Teufelskreis

Quelle: Finanz-Heldinnen

Viele wollen aber auch gar keine Karriere machen. Karriere ist immer noch ein Männerding. Übrigens ist auch die Gründerszene stark männlich geprägt. Zwar steigt der Anteil von Frauen, die ein Start-up gründen, seit 2014 kontinuierlich an. Doch noch immer sind mehr als 80 Prozent der Gründer Männer. Und wenn Frauen gründen, Sie ahnen es schon, verdienen sie auch in der Selbstständigkeit weniger. Ihr Verdienst pro Stunde liegt fast 20 Prozent unter dem der Männer. Verkaufen wir uns zu günstig? Müssen wir unsere Honorare hochschrauben? Es scheint so. Insgesamt landen sogar fast 40 Prozent weniger auf ihren Konten. Auch das dürfte daran liegen, dass viele selbstständige Frauen sich „nebenbei" noch um Familie und Kinder kümmern und dadurch einfach weniger Stunden arbeiten.

Der Mann als lebenslanger Versorger – ein Auslaufmodell

Das Ergebnis all dieser Daten und Fakten: Frauen haben eine andere Erwerbsbiografie als Männer. Stolze 85 Prozent der Väter sind berufstätig, 61 Prozent sind es bei den Müttern. Nur sechs Prozent der Männer arbeiten in Teilzeit, aber immerhin 66 Prozent der Mütter. Jede dritte Frau im Alter von 28 bis 59 Jahren bestreitet ihren Lebensunterhalt immer noch nicht selbst, sondern aus Einkünften ihres Ehemanns oder anderen Quellen. Das können unter anderem Erbschaften sein, vermietete Immobilien und Ähnliches. Auf die Witwenrente sollten wir uns übrigens auch nicht verlassen: Über ein Fünftel der Frauen bekommt gerade einmal 300 Euro oder noch weniger. Der Mann als lebenslanger Versorger für Frau und Familie – dieses Modell hat ausgedient. Fast 40 Prozent aller heute geschlossenen Ehen werden den amtlichen Statistiken zufolge im Laufe der Jahre wieder geschieden.

Die Zahlen zeigen eindrucksvoll, dass die Erwerbsbiografien von Frauen viel häufiger Brüche aufweisen. Wir bekommen Kinder und machen dann erst einmal eine Pause. Oft arbeiten wir auch in Teilzeit oder bleiben gleich ganz zu Hause. Diese Brüche wirken sich auf unsere (Renten-)Konten aus. Es gibt aber auch gute Nachrichten. 47 Prozent der 20- bis 29-jährigen Frauen haben Abitur oder Fachhochschulreife. Nur 40 Prozent sind es bei den Männern. Langfristig sollte das dazu führen, dass Frauen in Sachen Einkommen und Rente aufholen. Gerade die unter 40-Jährigen werden es durch ihre gute Ausbildung und ihre Berufstätigkeit einfacher haben, für ihre Absicherung zu sorgen. Heute sieht es aber leider oft anders aus. Besonders hart trifft es alleinerziehende Mütter mit minderjährigen Kindern. Es ist erschreckend, aber gut 40 Prozent von ihnen sind auf Harz IV angewiesen.

Taschengeld, Fixgehalt, Boni, Stundenlohn in der Selbstständigkeit – immer bekommen wir weniger. Wir Frauen erben sogar weniger. Männer erben stolze 25 Prozent mehr von ihren Familien oder ihren

Freunden. Abzulesen ist das in der Erbschafts- und Schenkungssteuer-Statistik. Männer erben demnach im Schnitt 630.000 Euro, Frauen hingegen „nur" 470.000 Euro. Natürlich sind in dieser Statistik nur die steuerlich erfassten Erbschaften enthalten. Trotzdem zeigt sich auch hier einmal mehr: Männer bekommen einfach mehr. Und damit sind wir wieder beim Thema: Sie haben damit auch einen größeren finanziellen Spielraum – um ihre Träume zu verwirklichen, um vorzusorgen, um finanziell unabhängig zu werden.

Während die Frau sich um die Kinder kümmert, macht der Mann Karriere, verdient üppig und häuft ein Vermögen an. Die Frau bleibt dabei finanziell regelmäßig auf der Strecke. Dabei leben wir doch viel länger, brauchen also auch mehr Geld. Die Rentenlücke der Frauen ist immens. Wir zahlen nicht nur monatlich weniger in das System ein, weil wir eben schlechter verdienen. Westdeutsche Frauen, die heute zwischen 65 und 75 Jahre alt sind, haben im Schnitt nur 28 Jahre in die Rentenkasse eingezahlt, Männer 41. Und weil Frauen während des Berufslebens weniger verdienen, liegt ihre gesetzliche Rente im Schnitt nur bei 685 Euro – und damit 487 Euro unter der Rente der Männer. Die können mit durchschnittlich 1.172 Euro allerdings ebenfalls keine großen Sprünge machen. Für Frauen wie für Männer gilt also: Ohne private Vorsorge geht es einfach nicht. Aber wenig überraschend hinken wir auch hier deutlich hinterher. Laut des Versicherungskonzerns Allianz bekommen wir 57 Prozent weniger aus der privaten Vorsorge als Männer. Hält die Ehe, mag das alles kein ganz so großes Problem sein.

Viele bedenken außerdem nicht, dass wir rund 80 Prozent unseres letzten Nettoeinkommens brauchen, um im Ruhestand den bisherigen Lebensstandard beizubehalten. Viele Deutsche, auch die Männer übrigens, bleiben davon weit entfernt. Unsere Rentenlücke ist immens. Selbst wenn wir bei einem durchschnittlichen Verdienst 45 Jahre ohne Unterbrechung in die staatliche Rentenversicherung eingezahlt haben, entspricht der Rentenzahlbetrag oder die Standardrente vor Steuern, also das Verhältnis der „verfügbaren" Standardrente zum „verfügbaren"

Durchschnittslohn, gerade einmal 48 Prozent des Durchschnittseinkommens. Von den rund 80 Prozent, die wir eigentlich bräuchten, sind wir damit meilenweit entfernt. Und die Rentenlücke der Frauen ist in der Regel wie gesagt sehr viel größter.

Gefährliche Versorgungslücke im Alter

Trotzdem schieben viele von uns das Thema private Altersvorsorge vor sich her. Das hat auch eine Studie des Vermögensverwalters Amundi ergeben. Vor allem bei Frauen im Alter zwischen 35 und 55 Jahren hat sich das private Sparen für die Rente noch nicht durchgesetzt. Fast die Hälfte beschäftigt sich gar nicht damit. Auch mit fortschreitendem Alter wächst das Interesse an dem Thema nicht – das Alter der Befragten spielt für die persönliche Relevanz keine signifikante Rolle. Und das, obwohl sich die Mehrheit der befragten Frauen bewusst ist, wie wichtig eine private Vorsorge angesichts der politischen und demografischen Entwicklung ist. Aus dieser Einsicht ziehen aber leider die wenigsten Konsequenzen. Knapp ein Drittel hat überhaupt keine private Altersvorsorge. Ein unerwartet hoher Wert, schließlich berichten die Medien doch ständig über das Thema. Auch politisch wird es diskutiert, gesellschaftlich sowieso. Hinzu kommt: Nur unwesentlich mehr Befragte (37 Prozent) sparen zwar für ihre private Altersvorsorge, aber nicht regelmäßig. Auch das zeigt, dass wir völlig unzureichend auf unseren Lebensabend vorbereitet sind. Dabei ist den Frauen zwischen 35 und 55 durchaus bewusst, was da auf sie zukommt. Vier von fünf Frauen (79 Prozent) gehen davon aus, dass Frauen mit Auszeiten und Teilzeitarbeit in ihrer Erwerbsbiografie im Alter eine Versorgungslücke haben werden. Drei Viertel (76 Prozent) sind der Meinung, dass für alleinerziehende Mütter die Gefahr einer Versorgungslücke im Alter besonders groß ist. Obwohl sie diese schlechten Aussichten kennen, reagieren die wenigsten. Sie sollten das anders machen!

Die Situation wird nicht besser werden, eher schlechter. Zwar hat Olaf Scholz jüngst eine heftige Debatte losgetreten. Die Forderung des

Bundesfinanzministers, ein Niveau der Standardrente vor Steuern von 48 Prozent des Durchschnittseinkommens bis 2040 zu sichern, halten viele jedoch für einen unbezahlbaren Wunschtraum. Dabei wäre selbst mit diesem Rentenniveau für die wenigsten von uns ein sorgenfreies Alter möglich. Da klafft ein heftiges Loch. Daran würde wohl auch die heiß diskutierte Grundrente von Bundesarbeitsminister Hubertus Heil nicht viel ändern. Der bisherige Plan des SPD-Politikers sieht vor, dass Arbeitnehmer, die 35 Jahre lang Beiträge gezahlt haben und trotzdem nur eine Rente in Höhe der Grundsicherung (Hartz IV) erhalten, bis zu 447 Euro mehr im Monat bekommen. Das soll den Staat rund fünf Milliarden Euro im Jahr kosten. Die Union kritisiert vor allem, dass die tatsächliche Bedürftigkeit nicht geprüft werden soll. Wer beispielsweise mit einem Partner zusammenlebt, der eine hohe Rente bekommt, würde trotzdem profitieren. Aber auch diese „Respekt-Rente" rettet uns nicht.

Wir müssen die Versorgungslücken, so gut es geht, stopfen – und damit so früh wie möglich anfangen. Wir bekommen immer weniger Kinder, werden aber immer älter. Wenig Nachwuchs in Kombination mit einer wachsenden Zahl älterer Menschen – das ist ein Problem für die gesetzliche Rentenkasse. Wenn immer weniger Beitragszahler immer mehr Empfängern gegenüberstehen, kommt das System an seine Grenzen. Was nichts anderes bedeutet, als dass sich die Rentner von morgen mit deutlich weniger Rente begnügen müssen als die Ruheständler heute. Wer sich auf den Staat verlässt, der ist im Alter verlassen. So deutlich muss man es wohl sagen. Wir werden immer älter, da kann die gesetzliche Rente nur an Bedeutung verlieren. Heute 50- bis 65-Jährige dürfen noch gut 64 Prozent ihres Bruttoeinkommens aus der Rentenkasse erwarten. Aber heute 20- bis 34-Jährige müssen wohl von etwa 38 Prozent leben. Das hat der Freiburger Professor Bernd Raffelhüschen errechnet. Das ist keine Rentenlücke mehr, das ist ein tiefer Rentenkrater.

Die Altersvorsorge kann aus verschiedenen Elementen bestehen: gesetzliche Rente, Vorsorge über den Arbeitgeber, private Policen,

Mieteinnahmen, Vermögen. Experten sprechen von drei Säulen oder drei Schichten. Erstens: *die Basisversorgung*. Sie besteht aus der gesetzlichen Rentenversicherung und der Rürup-Rente. Letztere richtet sich vor allem an Selbstständige und Freiberufler, die nicht gesetzlich rentenversichert sind. Aber auch für Besserverdienende kann sie interessant sein. Zweitens: *die Zusatzversorgung*. Dazu zählen staatlich geförderte Produkte wie die betriebliche Altersvorsorge über eine Direktversicherung und die Riester-Rente. Drittens: *die Kapitalanlage*. Es gibt verschiedenste Anlageprodukte, die für ein zusätzliches Einkommen im Ruhestand sorgen. Das kann eine private Rentenversicherung sein, eine Lebensversicherung, eine Immobilie, ein Investmentfonds-Sparplan oder ein Aktiendepot. Diese unterschiedlichen Elemente gilt es – je nach finanziellem Spielraum, Lebenssituation und Risikoneigung – zu kombinieren. Leider gibt es keine Standardlösung, welche Variante und welche Mischung die richtige ist. Sie werden die einzelnen Vorsorgebausteine in den kommenden Kapiteln näher kennenlernen und können dann entscheiden, welches für Sie der richtige Weg ist. Wichtig ist, dass Sie überhaupt irgendetwas machen!

Einiges tun Sie sicher auch schon. Immerhin rund 33,5 Millionen Deutsche haben Anspruch auf gesetzliche Rente, Beamtenpension oder Einnahmen aus einem berufsständischen Versorgungswerk. Bei knapp 20 Millionen kommt eine geförderte Betriebs- oder Riester-Rente dazu. Gut 15 Millionen können zudem auf Vermögen zurückgreifen. Wichtig ist es, einen Überblick über die späteren Ansprüche aus den verschiedenen Quellen zu bekommen. Wie hoch ist die prognostizierte Rente, was bringt die Lebensversicherung? Natürlich gibt es dabei viele Unbekannte, weil wir nicht wissen, wie sich die gesetzliche Rente oder die Kapitalmärkte entwickeln. Aber einen groben Überblick bekommen wir schon. Schwierig ist natürlich auch die Frage, wie viel Geld wir im Alter tatsächlich brauchen. Rechnen ist das eine, eine konkrete Idee vom künftigen Leben zu bekommen das andere. Auch hier gibt es einige Unbekannte. Eine genauere Vorstellung bekommen wir, wenn wir uns

fragen, was wir bräuchten, um morgen in Rente zu gehen. Weil bestimmte Ausgaben wie etwa für die Kinder oder die eigene Altersvorsorge dann
wegfallen, reichen oft rund 70 Prozent des letzten Einkommens aus.
Gehen Sie aber lieber von den bereits genannten 80 Prozent aus, dann
sind Sie hoffentlich auf der sicheren Seite und können sich im Alter
einen gewissen Luxus leisten. Dann lässt sich die persönliche Rentenlücke ganz gut berechnen.

Damit, diese Lücke zu füllen, fangen wir besser so früh wie möglich
an. Die meisten befassen sich erst im Alter von Ende 30 bis Mitte 50 mit
der Altersvorsorge. Dann, wenn sie sich nach dem Berufsstart die ersten
finanziellen Wünsche erfüllt, eine Familie gegründet und vielleicht eine
Immobilie gekauft haben. Verbraucherschützer können ein Lied davon
singen: Die 50-Jährigen packt plötzlich die Angst vor der Altersarmut.
Wer dann noch kein Vermögen aufgebaut hat, schaut in die Röhre. Vor
allem Frauen kommen nach der Scheidung in die Beratungsstellen,
nachdem sie festgestellt haben, dass jahrzehntelang ihr Ehemann ihre
einzige Vorsorge gewesen ist. Ist er weg, war's das auch mit dem sorgen-
freien Leben im Alter. Natürlich können Sie auch dann noch gegensteuern. Aber es wird mit jedem Jahr, das Sie älter werden, schwieriger, die
Rentenlücke noch zu schließen.

Fangen Sie an vorzusorgen. Je früher, desto besser! Doch gerade die
„Millennials", also die zwischen 1981 und 2000 Geborenen, schieben die
Absicherung von Lebensrisiken auf die lange Bank. Das gilt nicht nur, aber
vor allem für die Altersvorsorge. Im Gegensatz zur „Generation Z", die
zum Glück schon wieder anders tickt. Die „Millennials" gelten als gut
ausgebildet, technikaffin und anspruchsvoll. Aber in Sachen Versicherungen sind sie erstaunlich blauäugig. Das ergab die Studie „Millennials", die
die Nürnberger Versicherung mit dem F.A.Z.-Institut durchgeführt hat.
Diese Generation lebt völlig anders als ihre Eltern oder Großeltern. Die
ganze Arbeitswelt ist im Umbruch – Stichwort Globalisierung. In einigen
Jahren könnten ganze Branchen oder zumindest Berufszweige wegfallen.
Die Erwerbsbiografien der „Millennials" werden folglich völlig anders

aussehen als die der Älteren. Solche Veränderungen und Umbrüche hat es natürlich immer schon gegeben, aber die Geschwindigkeit ist neu. Und mit dieser Geschwindigkeit fällt Sicherheit weg und Unsicherheit entsteht. Den Job fürs Leben gibt es schon heute nicht mehr wirklich, aber die junge Generation wird sich auf noch mehr Brüche im Lebenslauf einstellen müssen.

Kein Wunder, dass die „Millennials" ihre Ziele kurzfristiger setzen und sich nicht mehr festlegen wollen, auch nicht, wenn es um ihre Finanzen geht. Das ist aber ein Problem. Denn die großen Lebensrisiken bleiben weiter bestehen und lassen sich weder wegdiskutieren noch ignorieren. Das wissen auch die „Millennials", wie die Studie zeigt: Jeder Zweite hat Angst vor Altersarmut. Auch ihr Vertrauen in den Sozialstaat und die gesetzliche Rentenversicherung ist nur schwach ausgeprägt. Trotzdem ist ihr Umgang mit Geld ambivalent: Weniger als die Hälfte der Befragten betreibt einen aktiven Vermögensaufbau. Ein Großteil der „Millennials" schiebt Altersvorsorge, Berufsunfähigkeitsversicherung oder Risikoabsicherung auf die lange Bank oder setzt andere Prioritäten. Das führt zu einer großen Versorgungslücke.

Angst vor der Altersarmut haben aber nicht nur die Millennials. Mehr als jeder zweite Bundesbürger macht sich Sorgen um eine mangelnde Absicherung im Ruhestand. Stattliche 56 Prozent fürchten mittlerweile um ihren Lebensstandard im Alter, ein Anstieg um stolze 18 Prozentpunkte. Das zeigt eine Umfrage der Beratungsgesellschaft EY zum Verbrauchervertrauen 2019. Immer mehr Menschen wird wohl bewusst, dass die aktuelle Niedrigzinsphase den Aufbau von Vermögen und einer ausreichenden privaten Altersvorsorge enorm erschwert. Für all jene, die nur auf Zinsprodukte setzen, wird es fast unmöglich. Wir müssen also etwas unternehmen. Das ist im Grunde allen bewusst. Viele werden auch bereits aktiv, doch das, was wir tun, ist oft das Falsche. Zumindest ist es – mit Blick auf die Rendite – nicht genug.

FALSCHE UND RICHTIGE GELDANLAGE

Wir Deutschen sparen gern. Rund zehn Prozent unseres verfügbaren Einkommens legen wir zurück. Diese Quote hat sich in den vergangenen zehn Jahren kaum verändert. Damit sparen wir übrigens fast doppelt so viel wie beispielsweise die US-Amerikaner. Auch die Briten legen weniger zur Seite. Wir sind quasi weltmeisterlich, wenn es darum geht, von unserem verfügbaren Einkommen etwas beiseitezulegen. Eigentlich ist das gut. Wir bilden Rücklagen. Wir häufen Geld, vielleicht sogar ein kleines Vermögen an – für die Zeit nach dem Berufsleben, die Ausbildung der Kinder oder schlicht und einfach, weil wir uns einen Herzenswunsch erfüllen wollen: eine längere Reise, den schicken Sportwagen, die neue Küche. Das Problem ist, dass die Deutschen „falsch" zurücklegen. Denn das Sparen zahlt sich immer weniger aus. Seit zehn Jahren gibt es kaum noch oder gar keine Zinsen mehr.

Leider liegt aber immer noch ein Großteil des Geldvermögens auf Sparkonten. Mehr als zwei Billionen Euro liegen laut Zahlen der Bundesbank auf gering oder gar nicht mehr verzinsten Konten – Tendenz steigend. Und das bringt natürlich reichlich wenig. Dass es fast keine Zinsen mehr gibt, ist schlimm. Eine wichtige Renditequelle fällt damit bis auf Weiteres aus. Noch schlimmer ist aber, dass Sparer langfristig sogar Geld verlieren. Ziehen wir nämlich von unseren Minizinsen auf Tages- oder Festgeld die Inflationsrate von rund zwei Prozent ab, dann sind wir im Minus. Auch wenn wir es nicht sehen, weil 10.000 Euro auf dem Tagesgeldkonto eben 10.000 Euro bleiben, wenn wir sie nicht antasten. Aber unser Geld verliert Monat für Monat an Kaufkraft. Experten sprechen von einem negativen Realzins. Wie groß der Schaden ist, zeigt der Realzins-Radar der Direktbank Comdirect. Der Realzins-Verlust lag im dritten Quartal 2018 bei 10,8 Milliarden Euro. Das sind rund 130 Euro pro Bundesbürger in nur drei Monaten. Eine stolze Summe. Es ist ein schleichender Wertverlust, der vor allem langfristig Schäden anrichtet. Seit Ende 2010 haben die Deutschen insgesamt 102,2 Milliarden Euro verloren, indem sie ihr Geld in Sparprodukte investierten, deren Verzinsung unterhalb der Inflationsrate lag: ein Verlust von mehr als 1.000 Euro pro Person. Sparer werden quasi schleichend enteignet, weil die Inflationsrate seit Jahren höher ist als die Sparzinsen. Wer „nur" spart, das Geld also auf Zinskonten liegen lässt, liefert es schutzlos der Inflation aus und verliert Geld!

Leider gehören vor allem Frauen zu den großen Verlierern der Niedrigzinsphase. Denn sie lassen ihr Geld aus übertriebenem Sicherheitsdenken und Angst vor Schwankungen auf dem Sparbuch. Aus Unerfahrenheit und Unsicherheit schrecken sie vor einem Investment am Kapitalmarkt zurück. Wir scheinen geradezu resigniert zu haben. Anders kann man die aktuelle Situation nicht erklären. Jede zweite Frau legt nichts oder weniger als 50 Euro beiseite, wie eine Umfrage der Comdirect gezeigt hat. Und sie setzt mit Girokonto, Sparbuch und Tagesgeld auf die falschen Anlageformen. Damit überschätzen die Teilnehmerinnen der Umfrage den Zins, den sie auf dem Tagesgeldkonto erhalten, und unterschätzen die reale Wertminderung des eigenen Vermögens durch die Inflation. Dabei können wir Frauen mit einem bewussten Investment deutlich mehr erreichen. Das Geld herumliegen zu lassen ist keine Option mehr. Wenn wir im Ruhestand bemerken, dass uns jeden Monat mehrere Hundert Euro zum Leben fehlen, ist es zu spät.

Ich habe das Verb „herumliegen lassen" bewusst gewählt. Denn mit Geldanlage, Vermögensaufbau und Investieren hat das nichts mehr zu tun. Das Geld liegt herum, es arbeitet nicht. Sollte es aber! Wir brauchen Rendite, um Vermögen aufzubauen. Denn die wenigsten von uns verdienen genug, um mit bloßem „Herumliegenlassen" zu einem Vermögen zu kommen. Leider sind wir Deutschen keine Investoren, sondern Sparer, zumindest die meisten von uns. Und das hat Folgen.

Die Amerikaner setzen hingegen viel stärker auf Aktien. Mit dem Ergebnis, dass das Geldvermögen eines US-Amerikaners mittlerweile dreimal so groß ist wie das eines durchschnittlichen deutschen Sparers. Natürlich gilt Sparsamkeit als Tugend. Ja, das ist sie auch. In internationalen Vergleichen belegen wir Bundesbürger seit Jahrzehnten einen Spitzenplatz. Kaum eine Nation spart so eifrig. Eigentlich müsste der Durchschnittsdeutsche reich sein. Das Gegenteil ist der Fall: Im europäischen Vergleich sind wir arme Schlucker, wie eine Studie der Europäischen Zentralbank (EZB) vor einigen Jahren gezeigt hat. Das Nettovermögen des mittleren deutschen Haushalts ist nicht einmal halb so groß wie das in Frankreich, Spanien und Italien. Daran hat auch die Eurokrise nichts Wesentliches geändert. Die Vermögen der Bundesbürger liegen weit unter dem Durchschnitt anderer westeuropäischer Länder. Und das liegt an der Sparerei. Wenn wir nur sparen, dann kommen wir nicht vom Fleck. Sparsamkeit ist natürlich weiterhin eine Tugend, aber muss doch nicht immer gleich „Sparen" heißen, oder? Wir müssen unser Geld cleverer anlegen, dann wächst auch unser Vermögen.

Das Flossbach von Storch Research Institute hat sich das Sparverhalten der Deutschen im Jahr 2018 genauer angeschaut. Herausgekommen ist die aufwendigste Untersuchung, die es je zu diesem Thema gab. Mehr als 10.000 Menschen wurden gemeinsam mit den Marktforschern der GfK befragt. Das ernüchternde Ergebnis: Der deutsche Geldanleger hat nicht nur ein Umsetzungsproblem, sondern vor allem ein Erkenntnisproblem. Nur jeder dritte Befragte gab an, sein Sparverhalten wegen der niedrigen Zinsen geändert zu haben. Männer ändern ihre Strategie übrigens eher als Frauen, Gutverdiener sind flexibler als Geringverdiener. Und mit dem Bildungsgrad erhöht sich die Lernkurve.

Selbst bei einem Sparplan entscheiden sich lediglich 23 Prozent der Deutschen, ihr Geld langfristig und kontinuierlich in Aktien und Aktienfonds anzulegen, eine Mehrheit von knapp 60 Prozent würde in niedrigverzinsliche Nominalwerte investieren und damit die Chance auf einen langfristigen Vermögensaufbau verringern. Die meisten Deutschen sehen das größte Risiko bei der Geldanlage in möglichen Kursschwankungen von Anlagen – Experten nennen das Volatilität. Während Männer tendenziell eher Aktien und Aktienfonds für die langfristige Geldanlage bevorzugen, zeigt auch diese Studie: Bei Frauen ist es genau umgekehrt, sie favorisieren Sparbuch und Girokonto.

Falsche Renditeerwartungen

Die Erwartung, wie viel Rendite eine Anlage bringen soll, deckt sich nicht mit den Anlagevorlieben der Deutschen, auch das zeigt die Flossbach-Studie. Die Rendite von zehnjährigen Bundesanleihen lag Ende 2018 bei rund 0,5 Prozent. Tages- oder Festgelder bringen in der Regel noch viel weniger. Trotzdem erwarten 75 Prozent der Befragten eine Rendite von mehr als zwei Prozent. Sieben von zehn Deutschen geben an, ihr Bankkonto als Rücklage für anstehende Ausgaben zu nutzen. Häufig erscheint der Notgroschen aber etwas überdimensioniert, bedenkt man die Milliarden, die jahrelang ungenutzt auf zinslosen Konten liegen.

Auf die Zinswende zu warten dürfte vergeblich sein. Die Zinsen werden noch sehr lange homöopathisch niedrig bleiben. Das Institut der deutschen Wirtschaft (IW) rechnet sogar bis 2025 nicht mit einer wirklichen Besserung. Und dafür ist nicht nur die Europäische Zentralbank (EZB) verantwortlich. Schon seit Beginn der 1990er-Jahre sinken die inflationsbereinigten Zinsen in allen Industrieländern, wie eine Studie des IW zeigt. Der Grund ist der demografische Wandel. Wir leben immer länger. Folglich bereiten sich immer mehr Menschen in den Industrienationen auf ein langes Leben vor und sparen deshalb mehr als die Generationen vor ihnen. Das lässt wiederum die Zinsen sinken. Das hohe Angebot an Liquidität, also das viele Geld, drückt den Zins. Der demografische Trend lässt sich nicht aufhalten: Lag die Lebenserwartung in Deutschland 1990 bei Männern bei 72,6 Jahren und bei Frauen bei 79 Jahren, liegt sie mittlerweile bei 78,4 und 83,4 Jahren. Prognosen des

Statistischen Bundesamts nehmen für das Jahr 2050 eine Lebenserwartung von 84 Jahren für dann geborene Jungen beziehungsweise von 88 Jahren für Mädchen an.

Das hat Folgen: Die zunehmende Lebenserwartung schafft nicht nur bei der Finanzierung staatlicher Renten oder im Kranken- und Pflegebereich Probleme, sondern auch auf den Kapitalmärkten. Ein Dilemma, das die überalternden europäischen Industrienationen hart trifft. Auch wenn die EZB die Zinsen irgendwann wieder anheben wird, werden das sicherlich kleine Zinsschritte sein. Zu kleine Zinsschritte, um dieses Dilemma aufzulösen. Niedrigzinsen sind natürlich grundsätzlich nichts Schlechtes. Sie erleichtern es uns zum Beispiel, Wohneigentum zu finanzieren. Aber viele andere Anlageformen funktionieren eben nicht mehr oder zumindest nicht mehr so gut. Dazu zählt auch die Lebensversicherung.

Sie ist der Deutschen liebstes Finanzprodukt, die Versicherung zur Altersvorsorge. Rund 88 Millionen Kapitallebensversicherungen gibt es hierzulande. Im Schnitt also mehr als eine pro Bundesbürger. Doch im Schatten von Niedrigzinsen und Anlagenotstand hat diese seit Jahrzehnten andauernde Liebe inzwischen eine deutliche Abkühlung erfahren. Der Gesamtverband der Deutschen Versicherungswirtschaft (GDV) meldet eine schrumpfende Anzahl der Verträge. Kein Wunder, sind die Renditen doch empfindlich gesunken. Wer heute eine Lebensversicherung ausbezahlt bekommt, erhält bis zu 50 Prozent weniger Geld als vor 10, 20 oder 25 Jahren kalkuliert, warnte *Finanztest* vor einiger Zeit. Am Ende können sich Kunden wahrscheinlich nur auf die gesetzlich garantierte Mindestverzinsung verlassen – und die liegt seit Anfang 2017 für Neuverträge bei mageren 0,9 Prozent. Die laufende Verzinsung ist aber höher. Die für die Kunden wichtige Kennziffer ergibt sich aus dem Garantiezins und der sogenannten Überschussbeteiligung, über deren Höhe die Versicherer je nach Wirtschaftslage und Erfolg ihrer Anlagestrategie jedes Jahr neu entscheiden. Wegen der Zinsflaute fällt es den Versicherern immer schwerer, die hohen Versprechen von einst an den

Kapitalmärkten zu erwirtschaften. Die Folge: Die Überschussbeteiligung sinkt seit geraumer Zeit.

Viele Versicherer bieten vor diesem Hintergrund die klassischen Verträge alten Musters inzwischen auch gar nicht mehr an. Stattdessen gibt es neue Modelle – garantiert wird inzwischen häufig nur noch das eingezahlte Kapital, die Verzinsung wird flexibel am Kapitalmarkt erwirtschaftet. Doch üblich sind nach wie vor fixe monatliche Abbuchungen vom Konto. Viele Altkunden von Lebensversicherungen, denen bis zu vier Prozent Zinsen garantiert werden, fühlen sich jedoch offensichtlich recht wohl mit ihrem Produkt. Diese alten Garantien müssen die Unternehmen nämlich auch in der Zinsflaute erfüllen. Vier Prozent? Noch dazu garantiert? Wo gibt es das noch? Eben. Kündigen Sie also bloß nicht übereilt eine alte Lebensversicherung, weil Sie vielleicht denken, sie lohnt sich nicht mehr. Überhaupt ist es selten ratsam, Lebensversicherungen zu kündigen. Das kostet Sie in der Regel viel Geld. Lassen Sie sich unbedingt vorher beraten.

Fakt ist nämlich: Auch wenn Lebensversicherungen nur noch schlechte Renditen bringen, sichern Sie das Langlebigkeitsrisiko ab. Ihre monatliche Zahlung bekommen Sie, solange Sie leben. Je länger, desto besser – desto eher lohnt die Police. Eine sichere Sache also. Frauen fühlen sich übrigens häufig mit Anlageprodukten wohler, die stark auf ihre Ziele ausgerichtet sind. Dazu zählt neben der Existenzsicherung die Altersvorsorge. Hier kann übrigens eine private Rentenversicherung das passende Produkt sein. Auch private Rentenpolicen können Ihre Versorgungslücke schließen. Schließlich bieten sie eine monatliche Zahlung bis zum Tod. Im Gegensatz zu anderen Formen der privaten Vorsorge – wie der Rürup-Rente, den Riester-Verträgen oder der betrieblichen Altersvorsorge – fördert der Staat die rein privaten Policen allerdings nicht direkt. Die Zinsflaute hat die private Rentenversicherung ebenfalls unter Druck gesetzt. In der klassischen Form legen Gesellschaften die Beiträge ihrer Versicherten in besonders sicheren Anlageformen an und garantieren dafür einen vorgeschriebenen Mindestzinssatz. Der ist mit 0,9 Prozent aktuell ziemlich niedrig. Im Vergleich zu staatlich geförderten Versicherungen wie der Rürup-Rente sind die Policen jedoch flexibler. Sie können sich in der Regel das angesparte Kapital auf einen Schlag auszahlen lassen oder die lebenslange Rente wählen.

Frauen wollen Sicherheit

Die Deutschen lieben solche Policen. Sie gelten als sicher und haben dieses gewisse „für immer und ewig". Die Rendite bleibt dabei zwar auf der Strecke, aber das nehmen viele, vor allem wir Frauen, wissend in Kauf. Wir wollen nämlich Sicherheit, für mehr als jede Zweite von uns ist das der wichtigste Faktor bei der privaten Altersvorsorge. Auch das hat die Studie von Amundi unter 35- bis 55-jährigen Frauen gezeigt. Sicherheit und Garantien gehen aber auf Kosten der Rendite. Wissen wir das nicht oder wollen wir es nicht wissen? Verfügen Frauen für die Planung ihrer privaten Altersvorsorge aktuell über genügend Finanzwissen? Auch dem ist die Studie nachgegangen. 37 Prozent antworteten darauf mit „Nein". Frappierend dabei: Fast jede vierte Frau möchte sich nicht mehr Finanzwissen aneignen, um ihre private Altersvorsorge besser zu planen.

Würde sie es tun, dann wäre die „Rendite" wohl nicht nur für jede zehnte Frau ein wichtiger Faktor, gefolgt von „Verständlichkeit des Produkts" und „Flexibilität". Und nicht nur fünf Prozent von uns würden den „Inflationsschutz" als wichtigsten Faktor bei der privaten Geldanlage nennen. Vor allem dieses Ergebnis hat mich wirklich überrascht in Zeiten von Minizinsen. Schließlich lässt die Inflation die Kaufkraft unseres Ersparten und unserer Altersvorsorge schmelzen. Das wiederum wirft unweigerlich die Frage nach dem Einfluss des aktuellen Niedrigzinsumfeldes auf das Sparverhalten auf. Sie ahnen es bereits: Lediglich ein Drittel der Befragten ist der Meinung, wegen der aktuell niedrigen Zinsen jetzt oder in absehbarer Zeit aktiv werden zu müssen, um die persönlichen Ziele bei der privaten Altersvorsorge zu erreichen.

Da überrascht es nicht, dass die Risikobereitschaft der Befragten gering ausgeprägt ist: Die klare Mehrheit, nämlich stolze 92 Prozent der

Befragten, geht kein oder nur wenig Risiko ein – trotz der niedrigen Zinsen. 61 Prozent betrachten zwar klassische, festverzinsliche Anlageformen wie Sparbuch, Sparbrief oder Bausparvertrag als nicht mehr ausreichend für die private Altersvorsorge. Nichtsdestotrotz sind fast gleich viele Befragte in ebensolche Anlagen investiert. Hieraus lässt sich schlussfolgern, dass für Frauen im Alter zwischen 35 und 55 Jahren das risikolose, festverzinsliche Sparen für die Rente immer noch mit weitem Abstand die beliebteste Vorsorgemöglichkeit vor allen anderen ist.

Die volkswirtschaftlichen Auswirkungen der Unwucht bei der Vermögensaufteilung sind immens. Wenn die fleißigen Sparer nur die Hälfte ihrer Geldreserven von mehr als zwei Billionen Euro in deutsche Aktien investieren würden, könnten sie den gesamten Aktienbestand aller im Aktienindex Dax gelisteten Unternehmen kaufen. Dann wären die Deutschen im Besitz eines nennenswerten Anteils des Produktivvermögens ihres Landes. „Made in Germany" würde uns gehören. Aktuell ist die Mehrzahl der Dax-Aktien im Besitz ausländischer Investoren. Für die Experten des Flossbach von Storch Research Institute ist das ein alarmierendes Ergebnis, vor allem auch, weil diejenigen Anleger renditeschwache Anlageklassen bevorzugen, die eigentlich auf die Erträge aus ihren Ersparnissen angewiesen wären. Dazu zählen auch wir Frauen. Schließlich verdienen wir weniger und haben deshalb geringere Rentenansprüche. Aber auch Berufsanfänger zählen dazu, die über die Jahrzehnte erhöhte Kursschwankungen von renditestarken Anlagen aussitzen könnten. Und Geringverdiener, die die Chance auf eine Verbesserung ihrer Finanzausstattung verstreichen lassen. Schließlich sind Börseninvestments schon mit ziemlich kleinen Raten möglich. Doch dazu kommen wir später im Detail.

Fakt ist: Die Deutschen sind definitiv keine Nation von Aktionären. Nur jeder Sechste besitzt überhaupt Aktien oder Aktienfonds. Das ist erschreckend wenig, wie ich finde. Denn Aktien sind und bleiben langfristig die renditestärkste Anlageklasse überhaupt. Je nachdem, welche Statistik man bemüht, liegt die Rendite zwischen sechs und acht Prozent pro Jahr. Langfristig wohlgemerkt. Aber Aktien schwanken, mitunter sogar ziemlich heftig.

Das Jahr 2018 war für Aktionäre das schlechteste seit Ausbruch der Finanzkrise. Fast 20 Prozent ging es mit dem Dax abwärts. Die größten deutschen börsengehandelten Unternehmen haben also fast ein Fünftel ihres Wertes verloren. In anderen Ländern lief es etwas, aber nicht wirklich besser. Wer die Finanzkrise als Aktionär miterlebt hat, den kann das kaum schockieren. Im Crash 2008/2009 verlor der Dax nämlich 50 Prozent. Damals herrschte blanke Panik an den Märkten. Die Angst vor dem Zusammenbrechen des Finanzsystems, wie wir es kennen, war riesig. Noch grauenvoller war der Absturz nach dem Platzen der Internetblase zu Beginn des Jahrtausends. Damals ging es um 75 Prozent abwärts. Ein Albtraum für Aktionäre. Trotz dieser massiven Abstürze, trotz dieser extremen Kapitalvernichtung sind Aktien trotzdem die renditestärkste Anlageklasse überhaupt. Klingt verrückt? Ist es aber nicht.

Aktien: Langfristig eine echte Erfolgsgeschichte

Ich kann Ihnen nur das Aktiendreieck des deutschen Aktieninstituts (DAI) ans Herz legen – Google führt Sie zu dieser beeindruckenden Grafik. Die Botschaft: je länger, desto besser; je länger, desto weniger riskant; je länger, desto höhere Rendite. Allen Crashs zum Trotz sind Aktien ein echter Renditeturbo. Zwei beachtliche Beispiele: Wenn Sie Ende 1995 in deutsche Aktien investiert hätten und diese bis Ende 2010 behalten hätten, hätten Sie eine Rendite von 7,8 Prozent pro Jahr erzielt. Welche andere Anlageklasse hätte das geschafft? 1995 bis 2010 – ein Anlagehorizont von 15 Jahren, in den auch die beiden erwähnten Crashs fielen. Langfristig konnten diese Abstürze die Rendite nicht wirklich drücken. Und wenn Sie 2002 einstiegen und erst Ende 2017 wieder ausgestiegen wären, hätten Sie sogar eine Rendite von 10,2 Prozent pro Jahr einfahren können. Sensationell, oder? Sie hätten allerdings in beiden Zeiträumen die Nerven bewahren müssen, als es richtig geknallt hat. Crashs gehören an der Börse dazu. Und leider wird zum Ausstieg nicht geklingelt. Zum Einstieg dummerweise auch nicht. Aber das ist egal: In der Ruhe liegt die Kraft – und im verdammt langen Atem.

Das Renditedreieck des DAI zeigt eindrucksvoll: Langfristig schwindet das Risiko der Aktienanlage. Und wenn Sie sich den langfristigen Chart des Dax oder irgendeines anderen Indizes anschauen, dann verstehen Sie, was ich meine. Langfristig geht es aufwärts, kurzfristig kann es ziemlich übel abwärtsgehen. Diese Abstürze sind es, die viele abschrecken. Die langfristig hervorragenden Renditen werden oft ausgeblendet. Zu groß ist die Angst vor Verlusten, auch wenn wir diese als langfristige Investoren locker aussitzen oder sogar für Nachkäufe nutzen können. Im Crash gibt es nämlich sensationelle Schnäppchen an der Börse. Und auf dem Markt kaufen wir doch auch nicht die teuersten Kartoffeln, sondern halten nach Angeboten Ausschau – achten aber natürlich auch auf die Qualität. An der Börse sollten wir es genauso machen. Wie das geht, erkläre ich Ihnen noch. Aktien sollten aber auf jeden Fall Teil Ihrer langfristigen Strategie sein.

CHART 1
**Der Dax –
eine langfristige Erfolgsgeschichte**

Quelle: Börsenbuchverlag

Zuletzt ist die Anzahl der Aktionäre und Besitzer von Aktienfonds zum Glück deutlich gestiegen. Im Jahresdurchschnitt 2018 lag sie rund eine Viertelmillion höher als noch im Vorjahr. Das dürfte auch an der jahrelangen Rallye liegen, die wir nach dem Crash in der Finanzkrise erlebt haben. Insgesamt besaßen 2018 rund 10,3 Millionen Bürger oder 16,2 Prozent der Bevölkerung Aktien oder Aktienfonds. Damit hat die Anzahl der Aktienanleger wieder denselben Stand wie vor der Finanzkrise erreicht. Doch das Verhältnis der Deutschen zur Aktie ist nach wie vor keine Liebesbeziehung. Ich bin da wohl eine Ausnahme!

„Missverständnisse, ein schlechtes Bauchgefühl und auch eine gehörige Portion Gleichgültigkeit" – mit diesen Worten beschreibt das DAI in einer gemeinsamen Studie mit der Börse Stuttgart das Verhältnis der Deutschen zu Aktien. Gerade einmal knapp zehn Prozent des gesamten Geldvermögens investieren die Deutschen nach Zahlen der Bundesbank in Aktien. Dabei spricht so viel für diese Anlageklasse, nicht nur die Rendite: Wer sein Geld in Aktien anlegt, kann an der langfristigen Wertschöpfung erfolgreicher Unternehmen teilhaben. Aus Sparern werden Miteigentümer, die den Unternehmen Kapital für Investitionen zur Verfügung stellen. Aktien sind schließlich Unternehmensbeteiligungen. Das Kapital fließt in Forschung und Wachstum und trägt so zur Sicherung und zum Aufbau von Arbeitsplätzen bei.

Obwohl die Vorteile von Aktien für den Einzelnen, aber auch für die Gesellschaft auf der Hand liegen, zeigen viele Untersuchungen: Die Deutschen investieren generell wenig in Wertpapiere und erst recht nicht in Aktien. Aber warum scheuen die Menschen diese Anlageklasse? Die Studie liefert Antworten: Die falsche Vorstellung, ein Finanzprofi sein zu müssen, um in Aktien investieren zu können, hält sich hartnäckig. 64 Prozent der Nicht-Aktienbesitzer nennen mangelndes Wissen als Hauptgrund dafür, dass sie nicht in Aktien investieren. Auch der Hinweis, dass sich Aktienrisiken durch einfache Regeln beherrschen lassen, überzeugt die Menschen offenbar nicht. 65 Prozent der Nicht-Aktienbesitzer sehen Aktien für sich als zu riskant an. 61 Prozent der Befragten geben an, derzeit kein Geld für die Aktienanlage zu haben. Es fällt jedoch häufig schwer, dies mit der objektiven Sparfähigkeit in Einklang zu bringen, denn auch bei den Beziehern überdurchschnittlicher Einkommen ist diese Aussage zu finden. Zudem hält fast jeder zweite Nicht-Aktienbesitzer (48 Prozent) die Aktienanlage für umständlich. Dabei ist es zum Beispiel weder in technischer noch in zeitlicher Hinsicht aufwendig, einen Fondssparplan einzurichten und damit regelmäßig zu sparen. Beides lässt den Autoren der Studie zufolge den Schluss zu, dass das Engagement am Aktienmarkt häufig eine Frage des Wollens ist. Die Studie zeigt, dass der konkrete Kontakt mit der Aktienanlage – also persönliche Erfahrung – ein deutlich realistischeres Bild vermittelt und vorhandene Skepsis und tief verwurzelte Missverständnisse aufbrechen kann. Oft legen die Befragten jedoch eine gewisse Gleichgültigkeit in Gelddingen an den Tag. Sie setzen sich generell nicht mit Vermögensbildung und speziell nicht mit Aktien auseinander. Ein Fehler, wie ich finde.

Der typische Aktionär ist männlich

Doch wer investiert überhaupt in Aktien? Sie ahnen es bereits: Der typische Aktionär ist männlich, gebildet und an Finanzthemen interessiert. Frauen widmen sich dem Thema Geldanlage nicht so umfassend wie Männer. Nur jede achte Frau besitzt Wertpapiere, bei den Männern ist es jeder vierte, wie eine Studie der Fondsgesellschaft J.P. Morgan Asset Management zeigt. Dafür liegen die sicherheitsbewussten Frauen auch in dieser Umfrage mit 55 Prozent beim klassischen Sparbuch vorn (Männer: 50 Prozent). Ich kann es nicht verstehen, dass so viele Deutsche – Männer wie Frauen – trotz der großen Unzufriedenheit mit den aktuellen Zinsen nicht in renditestärkere Anlageformen wie Aktien investieren. Ein Grund ist natürlich, dass viele von Aktien und Anleihen zu wenig verstehen und deshalb lieber die Finger davon lassen. Mit Aktien und Anleihen lassen sich in Form von Dividenden und Zinszahlungen regelmäßige Erträge generieren. Dass es diese gibt und sie unabhängig von Schwankungen an der Börse ausgezahlt werden, ist rund zwei Drittel der befragten Frauen nicht bekannt. Allerdings ist auch bei den Männern jeder zweite nicht über die Ertragschancen informiert. Hinzu kommt die Angst vor Schwankungen und Verlusten am Kapitalmarkt, die – wenig überraschend – bei Frauen stärker ausgeprägt ist als bei Männern.

Wir haben schon festgestellt, dass vor allem Frauen zu den großen Verlierern der Niedrigzinsphase gehören. Aber auch in Zeiten, als es noch Zinsen gab, waren Aktien die bessere Wahl. Langfristig, wohlgemerkt. Bei der Mehrheit der Frauen setzt der Kauf einer Luxushandtasche deutlich mehr Glückshormone frei als der Kauf von Aktien, Fonds oder ETFs. Aber: Wir können uns den Luxus auch einfach ins Depot packen. Investieren Sie doch in Firmen, mit deren Produkten Sie sich auskennen – also beispielsweise die Aktie ihres Lieblings-Taschendesigners. Im Zweifel gehört ihr Lieblingslabel übrigens zu einem der beiden großen Luxusgüterkonzerne LVMH oder Kering. Zwei Aktien, die einen Blick wert sind und über die Sie leicht im Internet recherchieren können. Und schon macht die ach so sperrige und langweilige Börse richtig Spaß! Setzen Sie aber bitte nicht nur auf diese zwei Aktien, das wäre zu riskant. Aber solche Liebhaber-Investments sind vielleicht ein Einstieg in das Thema Börse.

Wenn Sie zeitlebens Ihr Geld aufs Sparbuch oder Tagesgeldkonto gepackt haben, werden Sie natürlich nicht über Nacht zur überzeugten Aktionärin. Das muss auch nicht sein. So wie eine Nichtschwimmerin sich nicht direkt ins tiefe Becken stürzen, sondern sich langsam herantasten würde, kann auch eine Sparerin erste Erfahrungen sammeln – ohne dabei unterzugehen. Herantasten kann in diesem Fall bedeuten, dass Sie erst einmal einen kleinen Teil Ihres Vermögens in Aktien investieren. Vielleicht schließen Sie auch einen monatlichen Sparplan ab und bauen so mit geringen Beträgen Schritt für Schritt ein kleines Vermögen auf. Oder Sie investieren Ihre vermögenswirksamen Leistungen ab jetzt in einen Aktienfonds. Es gibt viele Möglichkeiten und die werden Sie in diesem Buch kennenlernen.

Keine Chance ohne Risiko

Wir müssen allerdings an unserem Verständnis von Chance und Risiko arbeiten. Doch was ist Risiko eigentlich? Natürlich gibt es eine streng wissenschaftliche Definition. Das Wort kommt übrigens aus dem Griechischen und steht für Gefahr oder Klippe. In unserem Fall bedeutet es die möglichen negativen Auswirkungen einer Geldanlage. Wichtig ist das Wort „möglichen". Ein Verlust ist möglich, aber es muss nicht dazu kommen. Ein Risiko sind in Zeiten von Null- und Negativzinsen auch eine Nullrendite und der negative Realzins. So weit die relativ wissenschaftliche und rationale Definition. Hinzu kommt die emotionale Komponente. Wir wägen Risiken nämlich nicht streng rational ab – gleichzeitig ist es wichtig, was wir dabei fühlen. Wenn wir etwas mögen, halten wir es automatisch für weniger riskant und bewerten seine Vorzüge umso höher. Was wir als negativ wahrnehmen, halten wir für riskant. Nicht zuletzt aufgrund dessen ist es so schwierig, den Deutschen die Vorzüge von Aktien näherzubringen. Viele setzen Schwankungen mit Risiko gleich und dieses wiederum mit Verlusten. Das ist natürlich Blödsinn. Aktien können schließlich auch nach oben schwanken, nicht nur nach unten. Und Verluste können kurzfristig zwar heftig sein, aber langfristig kann die Anlage wieder ins Plus drehen und satte Gewinne liefern. Doch dazu später mehr.

Apropos Risiko: Es gibt auch Risiken in unserem Alltag, die wir absichern sollten. Mal sind es Versicherungspolicen, die Abhilfe schaffen. Auf jeden Fall ist es aber ein Notgroschen, den wir unbedingt aufbauen sollten. Erst dann können wir uns um unseren Vermögensaufbau kümmern. Risikoabsicherung, finanzielles Polster, Vermögensaufbau und Altersvorsorge – hier gilt es, Entscheidungen zu treffen, die zur jeweiligen Lebenssituation passen und die möglicherweise weitreichende Folgen haben. Wir müssen selbst aktiv werden, wir dürfen uns nicht auf andere verlassen. Nicht auf den Staat, nicht auf unseren Partner. Leider gibt jede fünfte Frau die Verantwortung für Finanzentscheidungen an ihren Partner ab. Zum Vergleich: Bei Männern sind es nur zwölf Prozent, die sich bei der Vermögensplanung auf ihre Partnerin verlassen. Das ist ein Ergebnis der Studie Verantwortungsbarometer Deutschland 2018 von Fidelity International. Lediglich 65 Prozent der Frauen behalten die Hoheit über ihre Finanzen. Deutlich mehr Männer (73 Prozent) kümmern sich selbstständig um ihr Geld. Finanzielle Unabhängigkeit fängt damit an, sich mit dem Thema Geldanlage zu beschäftigen. Wer sagt, dass Männer Geldanlage besser können? Eben! Wir können das sogar ziemlich gut. Glauben Sie mir!

NUR MUT

Auf dem Weg zur finanziellen Freiheit müssen wir viele Risiken absichern. Erst dann startet unser Vermögensaufbau – mit klassischen und eher konservativen Produkten und mit Aktien. Denn ohne Aktien werden wir unser Ziel nicht erreichen. Keine Angst, es geht weder um waghalsiges Zocken noch um riskante Spekulationen. Aktieninvestments müssen längst nicht so riskant sein, wie viele denken. Wie so oft gilt auch hier: Die Dosis macht das Gift. Ausschließlich in Aktien zu investieren mag ein ziemlicher Renditeturbo sein, ist aber riskant. Wenn es zur falschen Zeit an der Börse knallt, nämlich dann, wenn Sie Ihr Geld brauchen, schauen Sie in die Röhre. Wenn Sie aber nur einen Teil Ihres Vermögens an der Börse investieren, möglichst einen Teil, den Sie in den folgenden Jahren nicht benötigen, dann können Sie Kursabstürze aussitzen und die Rendite einfahren. So viel zum Thema Chance und Risiko.

Viele Männer kennen keine Angst und gehen große Risiken ein, Frauen hingegen sind tendenziell vorsichtiger und auf Sicherheit bedacht. Das klingt mächtig nach Klischees, ist aber mit Blick auf unseren Umgang mit Finanzen und unsere Geldanlage ziemlich treffend. Zu dieser Frage gibt es unzählige Studien mit unterschiedlichsten Ergebnissen, einige habe ich bereits zitiert. Eines ist jedoch klar: Wir Frauen können Geldanlage. Wenn wir uns an das Thema herantrauen, dann sind wir sogar verdammt gute Geldanlegerinnen. Aber sind wir auch die besseren?

Mehr Risiko bringt an der Börse mehr Rendite. Folglich müssten Männer besser abschneiden als Frauen. Tun sie aber nicht – zumindest nicht immer. Je nachdem, welchen Zeitraum man betrachtet, performen einmal die Portfolios von Frauen besser und einmal die der Männer. Doch was führt zum Erfolg? Erzielen die mutigen Männer die höhere Rendite und die größeren Börsengewinne oder sind es die etwas vorsichtigeren Frauen?

Die Onlinebank ING-DiBa hat im Spätsommer 2015 zur Beantwortung dieser Frage 600.000 Wertpapierdepots ausgewertet. Das Ergebnis: Frauen sind bessere Anleger als Männer. Ältere Damen sind erfolgreicher als junge. Auf Sicht von zwölf Monaten erzielten die Frauen durchschnittlich 1,7 Prozent mehr Rendite als die Männer. Klingt erst einmal nicht so berauschend, doch schon bei einem Depot in Höhe von 30.000 Euro hat die Anlegerin 500 Euro mehr verdient als ihr männliches Pendant. Setzt sich das über zehn Jahre fort, steigt die Differenz auf knapp 8.000 Euro an. Das ist eine stolze Summe. In den Jahren zuvor hatten die Frauen in der ING-Untersuchung sogar noch ein bisschen besser abgeschlossen. Und woran liegt das? Die Antwort der Bank: „Frauen streuen ihre Geldanlage breiter, unter anderem in Fonds, und investieren langfristiger."

Wissenschaftliche Untersuchungen stützen diese Beobachtung. Männer legen demnach mehr Geld in Einzelaktien an, Frauen kaufen eher Fonds mit Dutzenden oder Hunderten verschiedener Aktien und streuen so das Risiko stärker. Und wer erzielt das bessere Ergebnis? Das kann auch die Wissenschaft nicht wirklich beantworten. Männer sind häufiger extrem gut oder extrem schlecht. In der Literatur finden sich viele Erklärungsversuche für das unterschiedliche Verhalten von Frauen und Männern. Männer sind angeblich selbstbewusster, aggressiver, kompetitiver. Sie schichten ihr Depot häufiger um, was vorteilhaft sein kann, allerdings auch jedes Mal Kosten verursacht. Frauen gelten dagegen als vorsichtiger, überlegter, gewissenhafter. Sie wollen kein Detail übersehen, recherchieren alles ganz genau. Läuft es dann nicht wie gewünscht, haben sie aber auch weniger Probleme, ihren Fehler einzugestehen – dadurch begrenzen sie ihre Verluste. Männer agieren da etwas anders.

Langfristig sind Frauen die besseren Anleger

Das hat auch eine Untersuchung von 700.000 Depots der Consorsbank vor einigen Jahren gezeigt, ebenfalls mit einem Beobachtungszeitraum von zwölf Monaten. Die schlechtesten zehn Prozent aller von Männern eröffneten Depots kamen auf ein Minus von 22 Prozent, die besten auf ein Plus von 22 Prozent. Bei den Depots der Frauen waren die Ausschläge geringer: Hier kamen die schlechtesten Frauen auf ein Minus von elf Prozent, dafür erzielten die besten mit einem Plus von 20 Prozent eine etwas geringere Rendite als die Männer.

Diese Zahlen zeigen eindrucksvoll: Männer sind sehr viel waghalsiger unterwegs. Das ist nicht grundsätzlich schlecht. Es gibt Jahre, in denen sich das durchaus auszahlt. Eine Privatanleger-Studie der DAB Bank kam zu dem Ergebnis, dass männliche Kunden in den Jahren unmittelbar nach den heftigsten Verwerfungen durch die Finanzkrise erfolgreicher waren als die weiblichen Anlegerinnen. Mit stattlichen Renditen von durchschnittlich 27 Prozent im Jahr 2009 und 17,2 Prozent im Jahr 2010 übertrafen sie nicht nur die Frauen, sondern auch den Dax. Die DAB-Kundinnen erzielten eine Rendite von 26,1 und 14,2 Prozent. Der Dax legte 2009 um 24 Prozent zu und im Jahr danach um 16 Prozent. Neidlos müssen wir anerkennen: Die Männer waren besser. Der Grund ist schnell gefunden: Sie waren aktiver und sind höhere Risiken eingegangen. Während Frauen der DAB-Studie zufolge überwiegend auf Anleihen und Investmentfonds setzten, griffen Männer öfter zu Aktien und Hebelprodukten. Auch ihre Cash-Quote war geringer. Dieser Mut zahlte sich in diesen Jahren eben aus. In den Jahren 2007 und 2008 sah das anders aus. Damals liefen Aktien lange Zeit seitwärts oder fielen, wodurch Frauen mit ihrer etwas vorsichtigeren Strategie erfolgreicher abschnitten.

Je nach Börsenphase zahlt sich mal die Vorsicht und mal der Mut aus. Wichtig ist aber, dass wir überhaupt an der Börse aktiv sind, und zwar langfristig. Wir wollen schließlich ein Vermögen aufbauen und finanziell unabhängig werden. Unser Ziel erreichen wir nur, wenn wir über viele

Jahre hinweg investieren. Insofern sind die zitierten Untersuchungen der Onlinebroker zwar spannend, aber nur Momentaufnahmen. Wissenschaftliche Studien haben immer wieder bewiesen, dass sich Männer bei der Geldanlage öfter im Weg stehen als Frauen. Männer überschätzen sich stärker, handeln öfter und riskieren mehr. In manchen Jahren mag das eine gute Strategie sein, langfristig kostet es aber oft Rendite – und auf jeden Fall Nerven.

Durch Ruhe und Gelassenheit sind Frauen deshalb langfristig die besseren Anleger. Sie schichten weniger häufig die Depots um, bleiben länger bei einer Strategie und gehen sehr strukturiert vor. Weil wir die Dinge stärker hinterfragen als Männer, brauchen wir länger, um Vertrauen zu einem Berater und einer Strategie zu fassen. Das bringt uns einen maßgeblichen Vorteil bei Investmententscheidungen: Sind wir von einer Entscheidung wirklich überzeugt, bleiben wir auch dabei. Anlagestrategien funktionieren nicht in jedem Jahr gleich gut, ihre volle Wirkung entfalten sie erst über einen längeren Zeitraum. Deshalb zahlt sich ein langer Atem auf jeden Fall aus.

Und wenn es einmal richtig kracht an der Börse? Auch das können wir besser ertragen als das waghalsige und ach so mutige Geschlecht. So viel dazu, dass Frauen hochemotional handeln und Männer sehr viel rationaler. An der Börse stimmt das auf jeden Fall nicht: In Extremsituationen bewahren wir die Nerven. Frauen neigen weder zu Panikreaktionen, wenn die Kurse einmal sinken, noch verfallen wir in Gier und wollen bei aufwärts tendierenden Märkten immer mehr an der Renditeschraube drehen. Ein entscheidender Vorteil gegenüber männlichen Anlegern scheint die Tatsache zu sein, dass wir auch eher loslassen. Die Auswahl von Einzeltiteln spielt für uns keine so große Rolle, wir lassen uns nicht von Trends leiten und orientieren uns in der Regel auch nicht an Börsenbriefen oder Ähnlichem. Haben wir unsere Investmententscheidung einmal getroffen, ob nun mit oder ohne einen Berater, werden eine Markttendenz oder ein Thema, das viel diskutiert wird, uns nicht von unserer Haltung abbringen. Anlegerinnen sind viel weniger beeinflussbar als ihre männlichen Pendants. Diese versuchen häufig, viele Informationen zu bekommen, und entwickeln einen Jagdtrieb bei der Geldanlage. Außerdem neigen sie zur Selbstüberschätzung. Das passiert zwar auch mancher Anlegerin, aber nicht so oft und so extrem wie den Männern. Diese verkaufen bei Kursrückgängen schneller und agieren bei der Geldanlage insgesamt weniger überlegt als Frauen. Die Selbstüberschätzung führt also letztlich zu vorschnellen Entscheidungen, die einiges an Rendite kosten können.

Lassen Sie sich nicht länger einreden, dass Finanzen Männersache oder die mutigen Kerle die besseren Anleger sind. Natürlich gibt es Unterschiede zwischen Mann und Frau. Wir gehen analytisch vor, wägen sehr genau ab, welches Risiko wir bereit sind einzugehen. Das kann in gewissen Börsenphasen dazu führen, dass wir am Ende sogar mit einer höheren Rendite vom Börsenparkett gehen als Männer, die tendenziell größere Wagnisse eingehen und dazu neigen, sich selbst zu überschätzen. Apropos Wagnis: Bei gleichem Geldbeutel gehen Frauen und Männer übrigens gleich hohe Risiken ein. Das hat eine wissenschaftliche Untersuchung des Deutschen Instituts für Wirtschaftsforschung Berlin (DIW) nachgewiesen. Für beide Geschlechter gilt: Je mehr Geld zur Verfügung steht, desto größer wird die Bereitschaft, in riskante Finanzprodukte zu investieren. Und das ist auch gut so! Ohne Aktien, die die Deutschen ja fälschlicherweise zu den riskanten Finanzprodukten zählen, geht es nicht.

Wir haben nun also geklärt: Wir können es! Wir können Geldanlage, auch Börse! Aber: Noch immer trauen sich zu wenige von uns an dieses Thema heran. Viele halten Wertpapiere für zu kompliziert und lassen deshalb lieber gleich die Finger von Börse & Co. So kommen Sie auf dem Weg zu Ihrer finanziellen Unabhängigkeit aber nicht vom Fleck. Aktien sind der Schlüssel zum Erfolg. Sie sind ein echter Renditeturbo – langfristig, wohlgemerkt.

Wie bei allen anderen Finanzprodukten, die ich Ihnen vorstellen werde, gilt: Kaufen Sie nichts, was Sie nicht verstehen oder womit Sie sich unwohl fühlen. Informieren Sie sich, stellen Sie Fragen, lassen Sie sich beraten. Und verlieren Sie das Wesentliche nicht aus dem Blick: Ihre Ziele, Ihre Risikoneigung und Ihren Anlagehorizont. All dies kann sich im Laufe der Jahre ändern. Deshalb sollten Sie Ihre Strategie daran anpassen, egal wie langfristig sie auch ausgerichtet gewesen sein mag. In jungen Jahre, als Berufsanfängerin, haben wir andere Ziele (und Probleme) als Jahre später, wenn wir eine Familie gründen wollen oder kurz vor der Rente stehen. Gehen wir das Thema also an.

JEDE FRAU TICKT ANDERS

2

Zugegeben: Anfangs sieht man den Wald vor lauter Bäumen nicht. Je nachdem, wie alt wir sind, was wir verdienen, wo wir arbeiten und wie wir leben, haben wir schon einiges „geregelt". Meistens bestehen unsere Finanzen aus einem wilden Sammelsurium. Hier eine Versicherungspolice, dort ein paar Aktien, vielleicht ein alter Bausparvertrag oder eine Riester-Rente – alles schön dokumentiert in den diversen Ordnern im Regal. Und dann liegt ganz hinten in der Schublade noch das alte Sparbuch. So oder so ähnlich sieht es leider bei vielen von uns aus. Wir bringen nun Ordnung in die Finanzen, denn wir haben ein Ziel: Vermögensaufbau und finanzielle Unabhängigkeit.

Vielleicht möchten Sie unterwegs noch ein anderes Ziel erreichen und sich einen anderen Wunsch erfüllen. Nur zu! Schreiben Sie Ihre Ziele auf. Das können ganz unterschiedliche Dinge sein: das neue Auto, eine Eigentumswohnung, eine Weltreise oder eben der Ruhestand auf Mallorca. Das alles kostet Geld, mitunter viel Geld. Wenn Sie über Ihre Ziele nachdenken, dürfen Sie ruhig ein bisschen träumen. Das schadet nicht. Es geht ja auch darum, dass Sie sich Ihre Träume leisten können. Vielleicht ist ein solcher Traum auch der Schritt in die Selbstständigkeit, für den es ein gewisses Startkapital braucht. Oder Sie wünschen sich für sich selbst einfach nur die Sicherheit, genügend Kapital zu haben, um ein Jahr lang einmal gar nichts tun zu müssen. Auch das ist finanzielle Freiheit. Spinnen Sie ruhig ein bisschen rum.

Denn damit tun Sie unbewusst etwas ganz Entscheidendes: Sie denken über Geld nach. Wie wichtig ist es Ihnen? Wie wichtig ist Ihnen Luxus? Oder geht es eher um Sicherheit, um die Absicherung von Risiken in Ihrem Leben? Diese Fragen klingen banal, sind aber wichtig, wenn Sie Ihre ganz eigene Strategie finden wollen. Natürlich müssen Sie Ihre Wünsche irgendwann priorisieren. Sie können sich unmöglich alle gleichzeitig erfüllen. Und damit legen Sie unweigerlich Ihren Anlagehorizont fest. Sie entscheiden nämlich unbewusst, wie lange Sie investieren möchten. Das lässt sich leicht aus Ihren Zielen ableiten. Während das Budget für den schnittigen Sportwagen vielleicht schon in ein paar Jahren steht und die Luxushandtasche schon nach einigen Monaten erschwinglich wird, brauchen Sie für Immobilien und vor allem für die Altersvorsorge deutlich länger. Das kann und wird Jahrzehnte dauern. Die Rente scheint zwar noch weit entfernt, auf die lange Bank schieben sollten Sie dieses Sparziel aber nicht. Im Gegenteil. Denn je eher Sie beginnen, desto kleiner sind die nötigen Sparbeträge. Notieren Sie für jedes Ihrer Vorhaben, wann das Sparziel spätestens erreicht sein soll. Aber bleiben Sie bitte realistisch.

Die schwierige Frage nach der persönlichen Risikoneigung

Anlageziel und Anlagehorizont sind damit ermittelt. Nicht ganz so einfach ist es mit der persönlichen Risikoneigung. Wir sind recht schnell, oft auch zu schnell mit der Antwort auf die Frage, wie viel Risiko wir bereit sind, einzugehen. So einfach lässt sich diese Frage aber gar nicht beantworten. Risiko ist eine ziemlich abstrakte Größe. Risiko bedeutet nämlich auch Unsicherheit. Wie viel können Sie da ertragen? Aktien beispielsweise können ziemlich kräftig im Wert schwanken. Können Sie noch ruhig schlafen, wenn Ihr Depot 10, 20 oder sogar 30 Prozent ins Minus rutscht? Ertragen Sie solche Verluste, auch wenn sie vielleicht nur zwischenzeitlich sind und die Kurse sich nach einigen Wochen oder Monaten wieder erholen? Darüber sollten wir ein bisschen länger nachdenken, bevor wir investieren.

Das Problem ist allerdings: Je größer unsere Ziele, je teurer unsere Wünsche, desto mehr müssen wir bereit sein zu riskieren. Denn wenn Sie eine hohe Rendite einfahren wollen oder müssen, um Ihre Ziele zu erreichen, dann geht das nicht, ohne ein gewisses Risiko einzugehen. Gerade wenn es um unsere Altersvorsorge geht, um ein Leben im Alter ohne große Einschränkungen, ist die Frage nach der Rendite entscheidend. Je höher die Rendite, desto besser, möchte man meinen. Aber: Ihre Renditeerwartung sollte zu Ihrer Risikobereitschaft passen. Grundsätzlich gilt: Je mehr Risiko Sie eingehen, desto mehr Rendite ist möglich. Wer auf keinen Fall ein hohes Risiko eingehen möchte, muss auch seine Renditeerwartungen nach unten anpassen. Möglich, dass Sie dann auch Ihre Wünsche und Ziele noch einmal überdenken und deutlich runterschrauben müssen. Aber es hilft ja nichts, Sie müssen das Risiko, das Sie mit Ihrer Geldanlage eingehen, ertragen können. Unter der Überschrift „Aktien als wichtiger Baustein zum Vermögensaufbau" gehe ich später noch einmal explizit auf die verschiedenen Risikotypen ein. Die Schlagworte Aktien und Risikoneigung werden Ihnen in diesem Buch immer wieder begegnen. Die deutsche Aktienkultur, mit der es leider nicht allzu weit her ist, ist mir eine Herzensangelegenheit. Würden doch bloß mehr Deutsche diese langfristig so erfolgreiche Anlageklasse für sich entdecken und ihre Angst vor Kursschwankungen verlieren! Ich bin davon überzeugt – und damit bin ich nicht allein –, dass Aktien unbedingt

Teil Ihres Vermögensaufbaus und Ihrer Altersvorsorge sein müssen. Entschuldigen Sie also, wenn ich ständig auf diesem Thema „herumhacke" und Sie immer wieder auffordere, stärker in Aktien zu investieren – natürlich immer unter Beachtung Ihrer Risikoneigung.

Ist diese erst einmal bestimmt, geht es darum, die passende Strategie und vor allem die passenden Produkte zu finden. Ich bin wie gesagt eine begeisterte Aktionärin, lege einen Großteil meines Vermögens an der Börse an. Trotzdem habe ich auch ganz klassische Vorsorgeprodukte wie eine Lebensversicherung – zum Glück aus Zeiten, als der Garantiezins noch recht hoch war – und eine private Rentenversicherung. Risikostreuung nennt man das. Bloß nicht alles auf eine Karte setzen.

Mit der Zeit kann sich unsere Risikoneigung natürlich ändern. Wer jung ist, geht vielleicht höhere Risiken ein. Wenn wir aber eine Familie gründen, sind wir etwas vorsichtiger. Unsere Anlagestrategie müssen wir deshalb von Zeit zu Zeit an unser Leben anpassen. In jungen Jahren haben wir weniger finanziellen Spielraum, später hoffentlich mehr. Wenn wir Karriere machen, wächst dieser Spielraum auf jeden Fall. Wenn wir uns für die Familie entscheiden, wird er aus verständlichen Gründen kleiner; Kinder sind teuer. Und wenn wir dann auch noch in Teilzeit arbeiten oder gar nicht mehr, ändert sich viel. Alle paar Jahre gilt es also, die Strategie noch einmal zu überprüfen. Oder nach gravierenden Veränderungen im Leben: Das kann die Familiengründung sein, aber auch eine Beförderung oder der Schritt in die Selbstständigkeit. Nach jeder Gehaltserhöhung sollten Sie auf jeden Fall Ihre Vorsorge hochfahren, mehr Geld zur Seite legen und investieren. Das machen Sie am besten, bevor Sie sich an das Gehaltsplus auf dem Konto gewöhnt haben.

Mit den Jahren verändert sich natürlich auch der Anlagehorizont, wir werden schließlich älter. Und wir sind unseren Zielen hoffentlich schon sehr viel näher gekommen. Auch das müssen wir bedenken. Es ist ein großer Unterschied, ob wir unser Geld langfristig anlegen oder kurzfristig parken – übrigens auch emotional. Wenn wir in absehbarer Zeit eine größere Summe benötigen, sind Schwankungen wie an der Börse Gift und mehr als nervenaufreibend. Wir müssen ständig Angst haben, dass wir tief im Minus sind, wenn wir das Geld brauchen. Dieses Geld gehört natürlich auf ein Tages- oder, wenn die Laufzeit stimmt, ein Festgeldkonto. Dort gibt es zwar keine Zinsen mehr – unter dem Strich, also nach Abzug von Inflation und Steuern, machen Sie sogar Miese. Sie erleiden einen Kaufkraftverlust, aber der ist auf kurze Sicht zu verkraften. Wichtig ist: Aus 10.000 Euro werden nicht plötzlich 9.000 oder gar 8.000 Euro, und das genau zum ungünstigsten Zeitpunkt. Hier sind der zumindest nominale Kapitalerhalt und die Verfügbarkeit des Geldes oberste Maßgabe, sonst werden Sie nicht ruhig schlafen können.

Wer mittel- oder sogar langfristig spart, kann zwar ganz anders agieren, steht aber auch vor anderen Herausforderungen und jeder Menge psychologischer Fallstricke. Gerade wenn wir langfristige Ziele verfolgen, fällt uns das Geldanlegen schwer. Denken Sie nur an Ihre private Altersvorsorge. Natürlich wissen wir, dass uns eine nicht unerhebliche Versorgungslücke droht. Denn die gesetzliche Rente wird nicht reichen, um unseren Lebensstandard auch nur ansatzweise zu sichern. So weit, so gut – beziehungsweise schlecht. Und deshalb sorgen wir vor und legen Geld fürs Alter zurück. Doch auch wenn wir noch so ambitionierte langfristige Sparziele haben, führt uns die Konsumwelt doch immer wieder in Versuchung. Wir bewerten das kurzfristige Vergnügen oft höher als den Erhalt des Lebensstandards im Alter. Natürlich reizt uns die neue Designer-Handtasche und einen tollen Urlaub haben wir auch mehr als verdient. Aber dafür sollten wir nicht an unsere Rücklagen für das Alter gehen. Das würden wir später bitter bereuen.

Kurzfristigen Verlockungen widerstehen

Die meisten Altersvorsorge-Verträge knebeln uns ziemlich, doch mit Blick auf die kurzfristigen Verlockungen der Konsumwelt ist das gar nicht so schlecht. Viele dieser Verträge laufen sehr lang und sind nur unter finanziellen Repressionen kündbar. Ähnlich ist es mit illiquiden

Vermögenswerten wie beispielsweise Immobilien. Auch sie verkauft man nicht mal eben so, nur weil das jüngste Mini-Facelift uns komplett umgehauen hat und wir nun unbedingt einen neuen kleinen Flitzer haben wollen. Lebens- und Rentenversicherungen, Immobilien – das diszipliniert natürlich enorm. Aber wir verschließen uns dadurch den Chancen – und langfristig höheren Renditen – des Kapitalmarktes. Andererseits decken wir mit diesen Versicherungspolicen unser Langlebigkeitsrisiko ab. Ich würde trotzdem für einen Teil des Geldes immer einen ETF- oder Fondssparplan wählen. Natürlich verleitet diese Variante dazu, das Ersparte anzugreifen. Schließlich können Sie jederzeit Anteile über die Börse verkaufen. Aber Sie bleiben eben auch flexibel, falls sich Ihre Ziele ändern. Vielleicht wollen Sie irgendwann einmal eine Immobilie erwerben, dann kann es durchaus sinnvoll sein, das 10, 20 oder 30 Jahre lang angesparte Vermögen von der Börse abzuziehen und in die Immobilie zu stecken.

Entscheiden Sie sich für die flexiblere Variante, müssen Sie den kurzfristigen Verlockungen widerstehen können und die Nerven behalten, wenn es an der Börse kracht. Denn Disziplin ist das oberste Gebot bei der Geldanlage. Sonst werden Sie Ihre Ziele nicht erreichen. Am besten zapfen Sie so viele Quellen für Ihren langfristigen Vermögensaufbau an wie möglich. Das bringt Sie Ihrem Ziel auf jeden Fall näher.

Finanzielle Freiheit heißt übrigens auch, bestimmte Alltagsrisiken abzusichern. Und damit meine ich nicht nur die Altersarmut. Es gibt viele Versicherungen, die eigentlich „Pflicht" sind. Schließlich wollen Sie nicht vor dem Ruin stehen, wenn Sie beispielsweise einen Unfall verschulden und hohen Schadenersatz zahlen müssen. Andere Versicherungen sind eher die „Kür". Mitunter kommt es auch darauf an, wie wir leben. Manche Menschen sind höheren Risiken ausgesetzt als andere. Das kann im Job sein, aber auch im Privatleben. Auf dem Bau passiert schneller etwas als am Schreibtisch. Die Extremsportlerin lebt sicher gefährlicher als die Leseratte. Auch diese Alltagsrisiken ändern sich mit den Jahren. Es schadet also nicht, alle drei bis fünf Jahre den Versicherungsordner durchzuschauen und das Gespräch mit dem Versicherungsvertreter oder Makler zu suchen.

Apropos Ordner: Wir wollen ja Ordnung in unsere Finanzen bringen. Sortieren Sie Ihre Finanzen nicht nur im übertragenen Sinn, sondern nehmen Sie das wörtlich. Ich habe einen Ordner für Versicherungen und lege dort die Policen, Schriftverkehr und Wissenswertes, was ich aus Zeitungen und Zeitschriften herausreiße, ab. Ein weiterer Ordner trägt die Aufschrift „Altersvorsorge". Hier sind alle Verträge und Policen abgeheftet, mit denen ich meinen Ruhestand finanzieren will. Das können in Ihrem Fall Lebensversicherung, die private Rentenversicherung, Rürup- oder Riester-Rente, betriebliche Altersvorsorge, das Konto mit den vermögenswirksamen Leistungen und die jährliche Information der Rentenkasse sein. Die Unterlagen zu meinem Aktiendepot samt den laufenden Sparplänen sind in einem separaten Ordner, da ich recht aktiv bin und monatlich Depotauszüge erhalte. Auf jeden Fall habe ich alles griffbereit im Regal stehen, ganz übersichtlich und ordentlich. Ich habe immer und zu jeder Zeit einen guten Überblick über meine finanzielle Situation. Wenn sich mein Leben, meine Ziele, meine Risikoneigung ändern, hilft das sehr. Denn manchmal heißt es schlicht: „Zurück auf Los!" Mann weg, Job weg – das sind nur zwei Beispiele. Es kann viel passieren im Leben. In den finanziellen Ruin sollte uns all das niemals führen. Im Gegenteil.

ALLER ANFANG IST
GAR NICHT SO SCHWER

rst einmal gilt es natürlich, den Status quo zu ermitteln. Ohne einen
Kassensturz geht es nicht. Und den sollten wir ab und zu auch wiederholen. Ich kenne Menschen, die mit ihrem Geld völlig planlos umgehen, die überhaupt keinen Überblick haben. Spontankäufe für mehrere Hundert Euro? Warum nicht. Dass das Konto dann ins Minus
rutscht, wird einfach hingenommen oder sogar ignoriert. Das Gleiche
bei der Geldanlage: Mal legen sie 200 Euro im Monat zur Seite, dann
wieder 1.000 Euro, dann gar nichts. Andere investieren ihr ganzes Geld
an der Börse, müssen aber Aktien verkaufen, sobald eine etwas teurere
Anschaffung ansteht. Wenn es dann an den Märkten gerade schlecht
läuft, müssen sie mit Verlust verkaufen. Erfolgreiche Geldanlage sieht
anders aus. Wieder andere eröffnen Sparpläne oder schließen Versicherungspolicen ab, nur um sie kurz darauf wieder zu kündigen, weil die
monatliche Rate doch zu hoch gewählt war. Oder sie greifen ständig auf
das Ersparte zurück, das eigentlich der Altersvorsorge dienen soll. Das
macht alles keinen Sinn, hat wenig mit einer durchdachten Strategie zu
tun und führt selten zum Erfolg.

Bei unserem Kassensturz müssen wir ehrlich mit uns selbst sein, auch
wenn das manchmal unangenehm ist. Denn nur dann können wir unsere finanzielle Zukunft planen. Wir haben in der Regel leider wenig
Überblick über unsere Finanzen. Ich selber bin da übrigens keine Ausnahme. Zwar dachte ich, ich hätte den totalen Überblick und alles im
Griff. Ich wurde jedoch eines Besseren belehrt. Als ich mich vor einiger
Zeit selbstständig gemacht habe, musste ich einen Businessplan erstellen.

Damit ich den Existenzgründerzuschuss bekomme, wollte die Bundesagentur für Arbeit nicht nur Informationen über mein künftiges Geschäftsmodell. Die Mitarbeiter wollten auch wissen, ob ich mit meinem Unternehmen mein Leben finanzieren kann. Sie wollten wissen, wie das Verhältnis von Einnahmen und Ausgaben ist – nicht nur geschäftlich, auch privat. Und das war für mich ein kleiner „Striptease". Denn wenn ich ganz ehrlich bin, hatte ich meine Finanzen zwar eigentlich ganz gut unter Kontrolle, habe regelmäßig Geld auf Tagesgeld- und Anlagekonto geschoben, monatlich in Sparpläne, Riester-Rente, Lebensversicherung und Co investiert. Aber wie viel ich wirklich wofür ausgebe, das war auch mir nicht ganz klar. Der etwas unfreiwillige Kassensturz hat gutgetan. Jetzt habe ich übrigens einen neuen und deutlich günstigeren Stromanbieter, einen besseren Handyvertrag, einige günstigere, aber leistungsstärkere Versicherungstarife und den guten Vorsatz – immerhin den –, weniger Geld für Schuhe, Handtaschen und Kleidung auszugeben. So ein Kassensturz tut gut, er öffnet die Augen und kann sogar sehr beruhigend sein.

Los geht es mit den Einnahmen: Gibt es neben dem Gehalt weitere Einnahmen? Neben Weihnachts- und Urlaubsgeld oder dem jährlichen Bonus gehören auch Zinserträge, Dividenden oder Ausschüttungen von Investmentfonds auf die Liste, außerdem Kindergeld, vielleicht sogar Mieteinnahmen. Was reinkommt, ist meistens schnell aufgelistet.

Komplizierter wird es mit dem, was rausgeht. Fixe Kosten wie Miete plus Nebenkosten, Versicherungen, Strom, Telefon- und Handykosten, Fitnessstudio, andere Mitgliedschaften oder Theater-Abo, Kita-Gebühren oder Abos für Zeitungen, Zeitschriften und Streaming-Dienste sind schnell aufgelistet. Eventuell gibt es einen Raten- oder Immobilienkredit. Im Grunde müssen Sie nur die Kontoauszüge der vergangenen Monate durchgehen. Vergessen Sie aber bitte die Versicherungspolicen nicht, die nur einmal im Jahr fällig werden. Einen Überblick über die variablen Ausgaben zu bekommen, ist etwas schwieriger, vor allem wenn man viel bar zahlt. Ich nutze fast immer EC- oder Kreditkarten, daher ließen sich die Ausgaben ganz gut rekonstruieren. Ein bisschen mühsam bleibt es trotzdem. Am besten nehmen Sie auch hier Ihre Kontoauszüge zur Hand und schauen, wie viel Bargeld Sie abgehoben haben und wie oft Supermarkt, Getränkehändler und andere Geschäfte abgebucht haben. Natürlich können Sie ab jetzt auch sämtliche Belege sammeln und ein Haushaltsbuch führen. Das würde Ihnen sicher den besten, weil detailliertesten Überblick über Ihre Finanzen geben. Aber so weit müssen wir nicht gehen. Wir brauchen keinen Überblick über jeden Euro und jeden Cent. Wir wollen uns ja auch nicht die Laune verderben lassen.

Nach diesem Kassensturz wissen Sie ziemlich genau, wie viel Geld Sie überhaupt zur Verfügung haben, wofür Sie es ausgeben und vor allem wie viel übrig bleibt. Erst dann können wir sinnvoll unsere Sparrate festlegen. Wichtig ist es auch, immer einen Notgroschen zu haben. Ich empfehle drei bis fünf Nettogehälter auf einem Tagesgeldkonto. Ich bin mit diesem Rat immer gut gefahren. So komme ich nie in die Klemme, wenn die Waschmaschine kaputtgeht, neue Autoreifen fällig sind, ein neuer Computer hermuss oder alles auf einmal. Auch für teurere Urlaubsreisen nutze ich diesen Notgroschen mitunter. Wichtig allerdings: Greife ich die Summe auf dem Tagesgeldkonto an, wird in den folgenden Monaten wieder aufgefüllt. Auch das sollten Sie bei Ihrer Finanzplanung bedenken.

Der Notgroschen auf dem Tagesgeldkonto

Es ist wirklich wichtig, dass Sie einen solchen Notgroschen ansparen. Es gibt immer unvorhersehbare Ausgaben. Und es wäre wirklich ärgerlich, wenn Sie dann irgendwelche Sparpläne oder Versicherungspolicen angreifen oder kündigen müssten. Daher: erst der Notgroschen, dann der langfristige Vermögensaufbau. Ich fühle mich sehr wohl mit meinem relativ prall gefüllten Tagesgeldkonto. Auch wenn es dort kaum und manchmal auch keine Zinsen mehr gibt, was natürlich bitter ist, bleibt der Notgroschen dort. Denn das Geld muss jederzeit verfügbar sein. Das ist es auf dem Tagesgeldkonto. Bei einigen Onlinebanken gibt es übrigens noch Zinsen. Ein Vergleich lohnt sich. Oft sind es allerdings Lockangebote, wenn keine Null vor dem Komma steht. Dann gibt es die Zinsen nur für Neukunden und auch nur für eine begrenzte Zeit. Das kann aber auch sinnvoll sein.

Wichtig ist die Prüfung der Einlagensicherung, bei den Banken gibt es große Unterschiede. Neben der staatlichen Einlagensicherung sind viele Banken Mitglied in Sicherungssystemen der verschiedenen Bankengruppen. Das schützt Ihr Geld, sollte die Bank pleitegehen. In der gesamten Europäischen Union gilt ein gesetzlicher Entschädigungsanspruch von 100.000 Euro pro Anleger. In Deutschland gibt es darüber hinaus freiwillige Einlagenschutzsysteme, die noch größere Entschädigungssummen versprechen. Darauf hat man jedoch keinen Rechtsanspruch. Oft sind aber auch ausländische Banken auf Kundenjagd in Deutschland – mit entsprechenden Lockangeboten. Schauen Sie also bitte zweimal hin, bevor Sie ein Konto eröffnen. Oder entscheiden Sie sich einfach für eine deutsche Bank. Die meisten Vergleichsrechner im Internet bieten übrigens auch Informationen zur Einlagensicherung. Sie müssen also nicht mühsam irgendwelche Geschäftsbedingungen auf den Seiten der Anbieter wälzen.

Lassen Sie Ihren Notgroschen nur bitte nicht auf dem Girokonto liegen. Die Gefahr, dass Sie ihn schleichend ausgeben, ist zu groß. Er gehört auf jeden Fall auf ein Extrakonto. Wenn Sie dort auch noch Zinsen bekommen, wunderbar. Bei unserem Notgroschen geht es aber im Grunde auch gar nicht um Rendite. Trotzdem sollten Sie das alles wissen. Und wenn Sie doch ein paar Euro Zinsen im Jahr bekommen, hilft das beim Aufbau Ihres Vermögens ja auch ein bisschen. Aber: Rennen Sie nicht von Bank zu Bank. Ob Sie 0,01 oder 0,03 Prozent Zinsen bekommen, macht im Grunde keinen Unterschied, wenn Sie nicht Millionen parken wollen. Der Aufwand, ein neues Konto zu eröffnen, ist für dieses homöopathische Zinsplus einfach zu groß.

Neben Tages- gibt es auch noch Festgeld. Das bringt in der Regel ein kleines bisschen mehr Zinsen, aber das Geld ist für Monate oder Jahre nicht verfügbar. Das müssen Sie bedenken. Im Grunde lohnt sich der Aufwand nicht. Ein Beispiel: Mein Onlinebroker zahlt für das Tagesgeld 0,01 Prozent pro Jahr, aber nur bis 10.000 Euro. Danach gibt es nichts mehr. Für dreimonatiges Festgeld bekomme ich 0,05 Prozent pro Jahr. Das können Sie getrost vergessen! Falls Sie sich trotzdem für Festgeld entscheiden, dann parken Sie bitte nicht den gesamten Notgroschen dort. Sie mögen einen feinen Dispokredit haben, aber der kostet richtig viel Geld! Deshalb sollte der Notgroschen frei verfügbar sein, und zwar jederzeit, in voller Höhe und ohne irgendwelche Bedingungen.

Dieses Polster ist ein erster Schritt in Richtung finanzielle Unabhängigkeit oder zumindest Sorglosigkeit. Es tut gut, wenn man weiß, dass kleinere Katastrophen wie ein kaputtes Haushaltsgerät oder Auto kein Drama sind. Aber es gibt auch größere Katastrophen. Und die gilt es abzusichern, bevor wir uns an unseren Vermögensaufbau machen. Ein paar Versicherungen müssen Sie haben, andere sollten Sie unbedingt haben, manche sind eher die Kür, andere völliger Unsinn.

Viele Versicherungen sind Pflicht

Los geht es mit der Gesundheit. Eine Krankenversicherung ist Pflicht und gesetzlich vorgeschrieben. Privat oder gesetzlich versichert? Zusatzpolicen? Und die Zähne? Bei der Gesundheit sollten wir nicht sparen, aber auch nicht unnötig viel bezahlen. Als Berufsanfängerin sind Sie sicher gesetzlich versichert. Wenn Sie oberhalb der Versicherungspflichtgrenze von 60.750 Euro im Jahr 2019 verdienen, haben Sie die Wahl, in die Private zu wechseln. Aber so üppig verdienen Berufsanfängerinnen selten. Die meisten sind erst einmal gesetzlich versichert. Für die gesetzliche Krankenversicherung gilt aktuell ein Beitrag von 14,6 Prozent vom Bruttogehalt. Das Ganze hat allerdings Grenzen, und zwar die Beitragsbemessungsgrenze. Sie begrenzt den Versicherungsbeitrag für gesetzlich Versicherte auf ein bestimmtes Niveau. Im Jahr 2019 liegt die Beitragsbemessungsgrenze bei 54.450 Euro oder monatlich 4.537,50 Euro. Bis zu dieser Summe werden Beiträge für die gesetzliche Krankenkasse verlangt. Bei einer gesetzlich vorgeschriebenen Beitragsuntergrenze von 14,6 Prozent plus 0,9 Prozent durchschnittlichem Zusatzbeitrag beträgt der monatliche Beitrag für die gesetzliche Krankenkasse also höchstens 703,31 Euro. Verdienen Sie mehr, bleibt jeder weitere Euro von Beitragszahlungen befreit. Bei Zusatzleistungen, Beitrag und Service gibt es deutliche Unterschiede zwischen den Krankenkassen. Genauso ist es bei der privaten Krankenversicherung. Deren Beiträge sind übrigens oft deutlich geringer, wenn Sie noch jung sind. Sie steigen aber immer weiter an und können im Alter zum Problem werden. Informieren Sie sich. Im Internet gibt es Vergleichsrechner, die Ihnen einen ersten Überblick geben. Ich würde aber immer eine persönliche Beratung empfehlen. Wer schon einmal den Tarif gewechselt hat, der weiß, wie viel Kleingedrucktes es zu beachten gibt.

Pflicht ist auch die gesetzliche Rentenversicherung. Aber natürlich nur dann, wenn Sie angestellt arbeiten. Der Beitrag zur Rentenversicherung wird jeden Monat automatisch vom Lohn abgezogen. Auch einige Selbstständige wie Handwerker und Hebammen sind in der gesetzlichen Rentenversicherung pflichtversichert, alle anderen Selbstständigen können freiwillig Beiträge zahlen. In der gesetzlichen Rentenversicherung beträgt der Beitragssatz für Pflichtversicherte zurzeit 18,6 Prozent vom Bruttogehalt. Für die Hälfte des Beitrages müssen Sie als Arbeitnehmerin, für die andere Hälfte muss Ihr Arbeitgeber aufkommen. Pflicht ist für Sie dann auch die gesetzliche Arbeitslosenversicherung in Höhe von 2,5 Prozent vom Brutto.

Gesetzlich vorgeschrieben ist auch die Kfz-Haftpflicht, sollten Sie ein Auto haben. Ob Sie Ihren fahrbaren Untersatz teil- oder vollkaskoversichern, bleibt Ihnen überlassen. Für einen Neuwagen ist auf jeden Fall der vollumfassende Schutz empfehlenswert, bei älteren Autos, wenn der Restwert nicht mehr so hoch ist, kann man über die Teilkasko nachdenken.

Neben den Pflichtversicherungen gibt es einige Verträge, die Sie unbedingt haben sollten, weil Sie vor großen finanziellen Risiken schützen.

Die wirklich wichtigen Versicherungen müssen nicht immer teuer sein. Auch hier gibt es jede Menge Vergleichsrechner im Internet, mit denen Sie sich einen Überblick über die anfallenden Beiträge verschaffen können. Googeln Sie einfach die jeweilige Versicherung, die Vergleichsrechner sind meistens unter den ersten Treffern.

Alltagsrisiken absichern: Haftpflicht, Berufsunfähigkeit und Co

Auf jeden Fall sollten Sie eine private Haftpflichtversicherung haben. Die ist wirklich extrem wichtig. Sie schützt vor den finanziellen Folgen von Personen-, Sach- und Vermögensschäden, die Sie anderen in Ihrem privaten Alltag und in Ihrer Freizeit zufügen. 99 Prozent aller Sachschäden kosten weniger als 5.000 Euro. Wenn aber Menschen zu Schaden kommen, kann es richtig teuer werden. Das passiert schneller, als Sie vielleicht denken. Wenn Sie als Fußgängerin im Straßenverkehr einen Fehler machen, kann das enorme Schäden und damit Kosten verursachen. Laufen Sie beispielsweise einem Fahrradfahrer vor das Rad und er stürzt, verletzt sich schwer, muss ins Krankenhaus und später in eine langwierige Reha, dann wir das teuer für Sie. Denn Sie müssen nicht nur Schmerzensgeld zahlen, sondern auch noch die Behandlung und den Verdienstausfall des Radlers. Fällt er so unglücklich auf den Kopf, dass er stirbt, können die Forderungen der Hinterbliebenen in die Millionen gehen. Ein menschliches Drama für alle Beteiligten, über das man nicht länger nachdenken möchte. Für Sie als Verursacherin würde das ohne Haftpflichtversicherung, die hier nämlich einspringt, wahrscheinlich den finanziellen Ruin bedeuten.

Meistens sind es natürlich viel harmlosere Fälle: Die Versicherung einer Freundin kam zum Einsatz, als sie neugierig in meinem Badezimmer an einem Parfüm geschnuppert hat. Der Flakon rutschte ihr aus der Hand und fiel ins Waschbecken. Es sprang eine große Scherbe heraus, das Becken – leider ein etwas teureres Modell – war Schrott. Oder Ihr Kind schießt einen Fußball in die Fensterscheibe des Nachbarn. Oder

Sie laufen über die Straße und verursachen einen Auffahrunfall mit Blechschaden. Auch in solchen Fällen haften Sie für den entstandenen Schaden – und zwar bis zu Ihrer persönlichen Pfändungsgrenze. Wenn wir auch noch so gut aufpassen – Unfälle können wir nicht immer verhindern. Es sind oft nur Sekunden der Unachtsamkeit oder auch nur Bruchteile einer Sekunde, schon ist es passiert. Oder Sie handeln schlicht fahrlässig. Sollten dadurch übrigens einer Person oder einem Unternehmen Gewinne entgehen, entsteht ein Vermögensschaden. Hier springt ebenfalls die Versicherung ein. Das gilt übrigens nicht für Fehler im Beruf, hier braucht man eine Berufshaftpflicht. Auch für vorsätzlich verursachte Schäden, Schäden aus strafbarem Vergehen und Schäden durch Vertragsverletzungen kommt die Versicherung nicht auf. Für alle anderen Unglücke, durch die andere zu Schaden kommen, aber schon.

Deshalb sollten Sie eine private Haftpflichtversicherung abschließen, die die entstandenen Kosten übernimmt. Allerdings verfügen laut Angaben des Versicherungsverbands GDV nur 85 Prozent aller Haushalte in Deutschland über eine entsprechende Police. Dabei gibt es eine leistungsstarke und günstige Versicherung schon für weniger als 100 Euro im Jahr. Übrigens: Sollten Sie einen teuren alten Vertrag haben, dann wechseln Sie! Experten empfehlen eine pauschale Versicherungssumme von mindestens 50 Millionen Euro, je geschädigter Person von mindestens zehn Millionen Euro.

Noch eine weitere Versicherung sollte für fast jeden Pflicht sein: die Berufsunfähigkeitsversicherung. Berufsunfähigkeit ist eines der größten Lebensrisiken und kann die Existenz bedrohen. Wenn das Einkommen wegfällt, kann eine gravierende Versorgungslücke die Folge sein – von einem Tag auf den anderen. Eine Berufsunfähigkeitsversicherung (kurz BU) kann diese Lücke schließen. Es sind längst nicht mehr nur die Folgen von Unfällen im Job, die uns berufsunfähig werden lassen. Der kaputte Rücken ist mittlerweile Volkskrankheit und auch psychische Leiden nehmen zu. Nicht selten können solche Diagnosen das berufliche

Ende bedeuten. Wenn Sie dann ohne Einkommen dastehen, droht Ihnen der finanzielle Ruin.

Die niedrige gesetzliche Erwerbsminderungsrente reicht oft nicht. Die Höhe der Rente richtet sich danach, wie viele Stunden pro Tag Sie noch arbeiten können. Sind es weniger als drei, gibt es die volle Erwerbsminderungsrente, bei drei bis sechs Stunden nur die halbe. Wie hoch die Rente ausfällt, hängt von den erworbenen Rentenansprüchen ab. Und die sind bekanntlich sehr gering. 2017 erhielt ein Neurentner im Schnitt 712 Euro Erwerbsminderungsrente. Entscheidend ist übrigens, dass sie in gar keinem Beruf mehr arbeiten können. Nur für vor 1961 Geborene ist der tatsächliche Beruf maßgeblich. Wie hoch Ihre Erwerbsminderungsrente nach jetzigem Stand ausfallen würde, sehen Sie in Ihrer jährlichen Renteninformation. Die Summe ist ernüchternd! Und: 2014 wurde etwa die Hälfte der Anträge auf Erwerbsminderungsrente abgelehnt.

Es ist deshalb notwendig, privat vorzusorgen für den Fall, dass Sie nicht mehr arbeiten können. Darauf verzichten können Sie nur dann, wenn Sie durch vorhandenes Vermögen oder durch Ihre Familie bereits ausreichend versorgt und auf Ihr Arbeitseinkommen nicht angewiesen sind. Die Berufsunfähigkeitsversicherung bietet die umfassendste Möglichkeit zur Absicherung Ihrer Arbeitskraft, ist in vielen Fällen aber auch sehr teuer. Die Kernfrage ist deshalb weniger, ob eine BU-Versicherung sinnvoll ist, sondern eher, ob Sie sich den BU-Schutz leisten können und wollen.

Die BU zahlt eine monatliche Rente, wenn Sie Ihren zuletzt ausgeübten Beruf, so wie er ohne gesundheitliche Beeinträchtigung ausgestaltet war, voraussichtlich auf Dauer nicht mehr ausüben können. Die Leistung aus der BU-Versicherung ist also an den letzten Beruf gekoppelt. Ob Sie noch einen anderen Job machen könnten, ist unwichtig. Es spielt auch keine Rolle, ob ein Unfall oder eine Krankheit der Grund für Ihre Berufsunfähigkeit ist. Die Versicherung zahlt, wenn Sie nach ihrer Einschätzung zu mindestens 50 Prozent berufsunfähig sind. Das bedeutet,

Sie haben mindestens die Hälfte Ihrer Leistungsfähigkeit verloren und können für Ihren Beruf wichtige Tätigkeiten nicht mehr ausüben oder nur noch eine geringe Anzahl an Stunden arbeiten. Das müssen Sie natürlich nachweisen und zahlreiche Unterlagen wie Arztberichte und Atteste bei der Versicherung einreichen. Steht die Berufsunfähigkeit fest, fließt die im Vertrag vereinbarte monatliche Rente. Wie viel Sie vorher verdient haben, hat dabei keine Bedeutung.

Besonders wenn Sie jung oder selbstständig sind, sollten Sie sich absichern – je früher Sie anfangen, desto besser. Für Berufseinsteiger gibt es übrigens spezielle günstige Tarife. Eine BU ist nämlich leider nicht ganz billig. Je nach Beruf kann der monatliche Beitrag bei einer versicherten Rente von 1.500 Euro mehrere Hundert Euro kosten. Auch hier gilt: Lassen Sie sich beraten und vergleichen Sie Angebote. Und sparen Sie bitte nicht an der falschen Stelle.

An der Unfallversicherung scheiden sich die Geister. Mal wird sie empfohlen, mal nicht. Eine Unfallversicherung sieht Kapital- und Rentenzahlungen vor, wenn nach einem Unfall Dauerfolgen, also Invalidität, bleiben. Das Risiko, einen schweren Unfall mit daraus folgender Behinderung zu haben, wird jedoch oft überschätzt. Nach Zahlen des Statistischen Bundesamts sind nur zwei Prozent aller Schwerbehinderungen Folge eines Unfalls, die allermeisten, nämlich 85 Prozent, entstehen durch Krankheiten. Und genau in diesen Fällen hilft die Unfallversicherung nicht. Das sollten Sie bedenken. Allerdings kann ein Bündel weiterer Leistungen vereinbart werden, vom Krankenhaus-Tagegeld bis zu Hilfsleistungen im Haushalt. Die gesetzliche Unfallversicherung leistet nur bei Berufs- und Wegeunfällen. Die Unfallversicherung ist kein Muss, sondern eher ein Kann. Wichtiger ist sicher die Berufsunfähigkeitsversicherung.

„Kann"-Versicherungen: Hausrat und Rechtsschutz

Apropos „Kann"-Versicherungen, also die Kür. Für viele Experten zählt die Hausratversicherung dazu. Meine kam allerdings schon so oft zum

Einsatz, dass sie für mich ein absolutes „Muss" ist. Zumal die Policen auch nicht sehr teuer sind. Die Hausratversicherung versichert den Neuwert Ihres Inventars wie Möbel, Kleidung und Laptop bei Schäden durch Feuer, Einbruchdiebstahl, Leitungswasser, Sturm oder Hagel. Im Laufe des Lebens sammeln sich zunehmend mehr Dinge an, die Sie schützen möchten. Bei mir hat es einmal beide Fernseher durch einen Blitzschlag „zerlegt". Die Geräte waren recht alt, aber es galt der Wiederbeschaffungswert. Wunderbar. Mein neuer Laminatboden nach der ausgelaufenen Spülmaschine? Auch kein Problem. Und als es im Golfklub gebrannt hatte und meine Ausrüstung Schrott war? Auch das wurde dank „Außenversicherung" (in der Regel Bestandteil jeder neueren Police) übernommen. Man glaubt gern, diese Versicherung wäre überflüssig. Aber wehe, wenn es dann doch zum Schadensfall kommt. Und das ist leider öfter der Fall, als man denkt.

Auch die Rechtsschutzversicherung ist optional. Sie sollten aber bedenken: Wenn Sie Ihr Recht durchsetzen möchten, brauchen Sie fast immer einen juristischen Beistand. Ohne Anwalt geht es selten. Okay, wenn Sie im Mieterverein Mitglied sind, dann sind Sie bereits günstig gegen Streit mit Ihrem Vermieter versichert – und zu dem kommt es bekanntlich recht häufig. Als Gewerkschaftsmitglied sind Sie gegen Verfahren im Arbeitsrecht versichert. Und wenn nicht? Dann kann es teuer werden. Unsere Karrieren sind nicht mehr so stringent wie früher. Den einen Job fürs Leben gibt es nicht mehr. Jobwechsel sind nicht selten mit einigem Ärger verbunden. Das erlebe ich in meinem Freundeskreis mittlerweile ziemlich regelmäßig. Es schont die Nerven ungemein, Verhandlungen über eine Trennung vom Arbeitgeber einem Anwalt zu überlassen. Und am Ende kommt auch mehr heraus. Ich möchte meine Rechtsschutzversicherung nicht missen.

Auf eine Versicherungs-Basisausstattung sollten Sie auch in Ausbildung und Studium nicht verzichten. Auch wenn das Geld dann meist knapp ist. Zur Basisausstattung gehört natürlich eine Krankenversicherung. Wer noch nicht älter als 25 Jahre ist und weniger als 450 Euro pro

Monat verdient, kann bei den Eltern in der Familienversicherung bleiben. Für alle anderen gibt es eine recht günstige studentische Krankenversicherung, oft schon für unter 100 Euro pro Monat. Experten raten außerdem zu einer privaten Haftpflichtversicherung, aber auch hier ist eine Absicherung über den Familientarif der Eltern oder über den Partner möglich. Bei der Hausratversicherung gilt: Sobald Sie in Ihre erste Wohnung ziehen, sind Sie nicht mehr bei Ihren Eltern mitversichert. Wenn Sie Ihr Hab und Gut absichern möchten, brauchen Sie eine eigene Police.

Erste Schritte zum Vermögensaufbau

Sind alle oder doch zumindest die wichtigsten Alltagsrisiken abgesichert, können wir uns um unseren Vermögensaufbau kümmern. Natürlich sollen erst einmal Schulden abgebaut werden, sollten Sie welche haben. Wenn nicht, geht es jetzt los – Schritt für Schritt zur finanziellen Unabhängigkeit. Das geht schon mit ganz kleinen Summen. Nutzen Sie dabei auch die staatlichen „Geschenke" – das können Zulagen, aber auch Steuererleichterungen sein. Hinterfragen Sie diese Geschenke und Produkte allerdings kritisch. Nicht alles ist immer für jede von Ihnen und in jeder Lebenslage sinnvoll.

Als Arbeitnehmerin haben Sie ein Recht auf eine Betriebsrente. Diese lohnt sich, weil der Beitrag direkt von Ihrem Bruttolohn abgezogen wird. Dadurch, dass Ihr Bruttogehalt niedriger wird, zahlen Sie weniger Steuern und niedrigere Beiträge zur Renten- und gesetzlichen Krankenversicherung. Unter dem Strich machen sich 100 Euro Vorsorgebeitrag auf dem Gehaltszettel nur mit etwa 50 Euro bemerkbar. Da wir als Berufsanfänger aber noch nicht so gut verdienen, kümmern wir uns um die betriebliche Altersvorsorge und ihre diversen Möglichkeiten später ausführlicher. Es schadet jedoch nie, so früh wie möglich damit anzufangen, auch mit kleinen Beträgen. Fragen Sie also ruhig auch als Berufsanfängerin in der Personalabteilung nach, welche Möglichkeiten es gibt.

Dann können Sie außerdem gleich nach vermögenswirksamen Leistungen fragen. Auch wenn diese oft im Arbeits- oder Tarifvertrag stehen, müssen Sie selbst aktiv werden. Dieses Geschenk vom Chef sollten Sie sich auf keinen Fall entgehen lassen. Vermögenswirksame Leistungen bekommen Sie als Auszubildende, Beamtin, Angestellte, Richterin und Soldatin. Die vermögenswirksamen Leistungen (VL) sind freiwillige Leistungen des Arbeitgebers, die für viele Berufe im Tarifvertrag garantiert werden. Ihr Arbeitgeber schießt monatlich bis zu 40 Euro zu Ihrem Sparplan dazu. Das kleine Extra vom Chef können Sie in eine Vielzahl von neuen oder bereits bestehenden Verträgen einzahlen: von der laufenden Baufinanzierung über einen Bausparvertrag oder Banksparplan bis zu einem Aktienfonds-Sparplan. Bei den beiden Sparplänen müssen Sie darauf achten, dass diese für VL-Sparen geeignet sind.

Da wir langfristig Vermögen aufbauen wollen, sollten wir die renditestärkste Anlageklasse wählen: den Aktienfonds-Sparplan. Ich finde, das ist zudem eine feine Variante, um sich an die Börse heranzutrauen. Schließlich ist das Geld vom Chef ein Geschenk, da können wir ruhig ein bisschen Risiko eingehen. So groß ist das Risiko außerdem gar nicht, da VL-fähige Fonds in der Regel relativ konservativ unterwegs sind.

Grundsätzlich schließen Sie einen VL-Vertrag Ihrer Wahl ab und legen Ihrem Arbeitgeber eine Bestätigung über diesen Vertrag vor. Der Arbeitgeber zahlt dann den zugesagten Betrag in den Vertrag ein. Verträge für vermögenswirksame Leistungen laufen in der Regel sieben Jahre – sechs davon sind Jahre mit Einzahlungen, das siebte ist ein Ruhejahr. Nach dem sechsten Jahr können Sie bereits den nächsten Vertrag beginnen. Der Anbieter informiert Sie normalerweise automatisch über den nahenden Ablauf und bietet einen neuen Vertrag an. Nach Ablauf des Vertrags steht das Guthaben entweder für Ihre persönlichen Wünsche oder für Ihre Altersvorsorge zur Verfügung. Bei der Bausparvariante ist es etwas anders: In diese Verträge müssen sieben Jahre lang Beiträge fließen.

Zusätzlich zum Arbeitgeber beteiligt sich der Staat ebenfalls an der Vermögensbildung. Wer bestimmte Einkommensgrenzen nicht überschreitet, erhält im ersten Schritt die Arbeitnehmersparzulage. Ausschlaggebend dafür ist nicht das Bruttoeinkommen, sondern das zu versteuernde Einkommen. Gerade bei Familien mit Kindern ist das zu versteuernde Einkommen aufgrund der steuerlichen Freibeträge deutlich niedriger als das Bruttoeinkommen. Auch wer beim Bruttogehalt über den Einkommensgrenzen liegt, sollte also auf jeden Fall prüfen, ob er die Förderung erhalten kann. Die genaue Höhe des zu versteuernden Einkommens können Sie Ihrem Steuerbescheid entnehmen. Der Staat zahlt, wenn Sie das Geld in einen VL-Fondssparplan oder Bausparvertrag anlegen. Auch die Tilgung einer Baufinanzierung fördert der Staat. Als Bausparer können Sie zusätzlich die Wohnungsbauprämie erhalten.

Als Berufsanfänger bekommen Sie die Zulagen meistens, weil Sie noch nicht so viel verdienen. Haben Sie einen Bausparvertrag abgeschlossen oder tilgen Sie einen Kredit, liegt die Einkommensgrenze beispielsweise bei 17.900 Euro für Singles und 35.800 Euro für Paare. Die Höhe der Förderung pro Arbeitnehmer(in) in Form der Arbeitnehmersparzulage liegt bei höchstens 43 Euro. Bei einem Aktienfonds-Sparplan liegt die Einkommensgrenze bei 20.000 beziehungsweise 40.000 Euro und die Arbeitnehmersparzulage bei maximal 80 Euro. Die Anbieter schicken Ihnen eigentlich immer einen vorausgefüllten Steuerbogen. Reichen Sie diesen einfach mit ein, dann kann das Finanzamt schauen, ob Sie die Förderung bekommen oder nicht. Aber auch wenn Sie bereits gut verdienen, sollten Sie sich das Geschenk vom Chef nicht entgehen lassen.

Vermögenswirksame Leistungen sind steuer- und sozialabgabenpflichtig, denn sie steigern praktisch Ihr Bruttogehalt. Ihr Arbeitgeber überweist den vollen VL-Betrag auf das Sparkonto, Sie bezahlen im Gegenzug über die Lohnabrechnung Steuern und Abgaben. Im Vergleich zum Zustand ohne vermögenswirksame Leistungen verringert sich also Ihr Nettogehalt geringfügig, aber wirklich nur geringfügig. Die erwirtschafteten Kapitalerträge sind wie andere Geldanlagen steuerpflichtig. Übrigens: Falls Sie keine Arbeitnehmersparzulage erhalten, sind Sie nicht an die Laufzeit von sechs Jahren plus ein Jahr Ruhezeit gebunden, sondern können Ihren

VL-Aktiensparplan ohne Nachteile auch vorzeitig kündigen. Eine Anlage für mehr als sieben Jahre ist immer möglich. Sie müssen sich den Sparplan am Laufzeitende nicht in bar auszahlen lassen. Lassen Sie das Geld dort ruhig noch ein paar Jahre arbeiten. Es lohnt sich. Und wenn die Börsenkurse gerade etwas stärker gefallen sind, lassen Sie das Geld erst recht noch im Fonds und warten Sie bitte auf bessere Zeiten.

Leider nehmen viele das Geschenk vom Chef nicht an, ob aus Faulheit oder Unwissen. Berufstätige lassen sich 1,6 Milliarden Euro durch die Lappen gehen – Jahr für Jahr. Das hat der Bundesverband der deutschen Banken jüngst errechnet. Greifen Sie bitte zu, wenn Sie vermögenswirksame Leistungen bekommen können. Vor allem VL-Sparpläne auf Aktienfonds bieten langfristig richtig dicke Renditechancen. Das zeigt eine Analyse des Fondsverbandes BVI. Die Rendite eines VL-Sparplans auf Fonds mit Schwerpunkt deutsche Aktien, in den über einen Zeitraum von sechs Jahren monatlich 40 Euro, also insgesamt 2.880 Euro, eingezahlt wurden, war rückblickend ziemlich gut. Berechnungen für alle 7-Jahres-Zeiträume seit 1962 zeigen, dass die in dieser Zeit angefallenen 50 Sparpläne ohne die staatliche Zulage eine durchschnittliche jährliche Rendite von 7,6 Prozent erzielt hätten. Aus 2.880 Euro wurden stolze 3.901 Euro. Mit Sparzulage waren es sogar durchschnittlich 10,5 Prozent pro Jahr. Ob mit oder ohne Zulage: VL-Sparen in Aktienfonds lohnt sich! Vor allem dann, wenn man den Vertrag viele, viele Jahre laufen lässt, auch dazu liefert der BVI Zahlen. Da wird dann aus einem kleinen Vermögen mit der Zeit ein mittleres. Das lassen sich viele Arbeitnehmer und Arbeitnehmerinnen entgehen, weil sie sich nicht kümmern. Die vermögenswirksamen Leistungen fließen eben leider nicht automatisch. VL-Sparer müssen selbst aktiv werden.

Aktienfonds- und ETF-Sparpläne – flexible Renditebringer

Eine Option für die geförderte Altersvorsorge ist auch die Riester-Rente, allerdings lohnt sie sich eigentlich nur für Familien und Sparer, die gut verdienen. Und Sie müssen sich lange binden. Wollen Sie das jetzt schon? Wer sich in frühen Jahren, in denen der finanzielle Spielraum noch begrenzt ist, nicht zu sehr binden möchte, sollte über Sparpläne nachdenken. Sie passen perfekt zu unserem Ziel, langfristig Vermögen aufzubauen. Aber wir bleiben maximal flexibel, falls wir uns auf dem Weg zu unserem langfristigen Ziel noch ein paar andere Wünsche erfüllen wollen. Oder falls sich unsere Ziele ändern.

Wenn wir uns für Aktienfonds-Sparpläne entscheiden – es gibt natürlich auch Sparpläne auf Anleihefonds –, dann sind sie auch noch ein echter Renditebringer. Vermögensaufbau ohne Aktien ist sowieso verdammt mühsam. Ich würde sogar sagen, wenn Sie nicht sehr üppig verdienen oder erben, ist er fast nicht möglich. Aktien sind langfristig die erfolgreichste Anlageklasse überhaupt und liefern satte Renditen. Trauen Sie sich. Zumindest einen kleinen Teil Ihres Vermögens sollten Sie an der Börse investieren. Fangen Sie so früh wie möglich damit an. Wie hoch die Renditen langfristig sein können, wie heftig aber auch die Crashs einschlagen, das wissen Sie ja bereits. Sie erinnern sich an das Renditedreieck des Deutschen Aktieninstituts (DAI). Zugegeben, hier handelt es sich um einen Lobbyisten. Aber das macht die Daten ja nicht weniger richtig und vor allem nicht weniger überzeugend. Der Blick auf das Aktiendreieck lohnt sich wirklich. Es zeigt nicht nur die guten Renditen, sondern vor allem macht es deutlich, dass das Verlustrisiko mit der Anlagedauer, also Ihrem Anlagehorizont, immer weiter schwindet. So erbrachte beispielsweise ein breit gestreutes Aktienportfolio im Dax bei einer Einmalanlage und einem 20-jährigen Anlagehorizont historisch im Schnitt 8,9 Prozent Rendite pro Jahr. Dabei lag im ungünstigsten Fall die Wertentwicklung aus Kursgewinnen und Dividenden bei jährlich 3,8 Prozent und im besten bei 15,2 Prozent. Nicht schlecht, oder? In einzelnen Jahren kann es natürlich ganz anders und ziemlich übel aussehen, aber das ignorieren wir als langfristige Anlegerinnen am besten.

Oder Sie nutzen die Kursrücksetzer sogar, um Positionen aufzubauen. Je günstiger Sie sich mit Aktien eindecken, desto besser. Keine Angst,

Sie müssen ab jetzt nicht täglich den Wirtschaftsteil der Tageszeitung analysieren, um den perfekten Ein- oder Ausstiegszeitpunkt zu erwischen. Das funktioniert nicht. Auch die Profis schaffen das übrigens nicht. Wir automatisieren den Prozess einfach via Sparplan: Monat für Monat wird die gleiche Summe investiert. So profitieren Sie von fallenden Kursen, denn Sie bekommen mehr Anteile für Ihre Sparrate. Steigen die Kurse, gibt es dann eben etwas weniger Anteile. Sie legen also antizyklisch an. An der Börse eine ziemlich gute Idee. Wir wählen für unseren Sparplan entweder einen aktiv gemanagten Aktienfonds oder einen passiven börsengehandelten Indexfonds (Exchange Traded Fund, ETF). Im Fall des Aktienfonds stellt ein Fondsmanager das Portfolio zusammen. Er analysiert Unternehmen, Branchen und Märkte. Er entscheidet, wann er einzelne Titel kauft oder verkauft und wie hoch ihr Anteil am Gesamtportfolio sein soll. Im Grunde nimmt er Ihnen alle Entscheidungen ab. Im Fall des ETFs wird einfach nur ein Index wie beispielsweise der deutsche Aktienindex (Dax), der europäische Euro Stoxx 50 oder der amerikanische Dow Jones nachgebildet. Alle drei sind sogenannte Standardwerte-Indizes. In ihnen sind die größten börsengehandelten Aktien des Landes beziehungsweise der Region gelistet. Ihre Kursentwicklung bestimmt die Entwicklung des Index. Der ETF entwickelt sich wie der ihm zugrunde liegende Index, nicht besser, aber auch nicht schlechter.

Rauscht der Dax in der nächsten Krise wieder 50 oder gar 75 Prozent in die Tiefe, dann reißt er die Dax-ETFs der unterschiedlichen Anbieter mit sich. Der Aktienfonds kann natürlich besser abschneiden, aber auch schlechter. Je nachdem, wie gut der Fondsmanager ist, wie schnell er gegensteuert, vielleicht sogar die Reißleine zieht, desto besser Ihre Rendite. Doch machen Sie sich nichts vor: Selbst die Portfolios der besten Fondsmanager kommen nicht unbeschadet durch die Krise. Auch sie machen Verluste. Denn zaubern können leider nicht einmal die Profis. Wenn der Dax massiv Federn lässt, dann trifft es auch Fonds mit Anlageschwerpunkt deutsche Aktien. Und leider ist es so, dass die wenigsten Fondsmanager ihren Vergleichsindex schlagen – und schon gar nicht dauerhaft. Auch das ist ein Grund, warum die passiven Indexfonds seit einigen Jahren immer stärker nachgefragt werden – auch von Privatanlegern. Die Entscheidung, welche Variante Sie wählen, liegt bei Ihnen. Im Grunde gibt es übrigens gar keine passive Geldanlage, denn die Entscheidung, welche ETFs Sie auswählen und wie Sie Ihr Depot zusammenstellen, in welche Produkte Sie monatlich Ihr Geld stecken wollen, ist natürlich eine sehr aktive.

Für den Anfang würde ich einen Sparplan auf einen global anlegenden Fonds oder ETF empfehlen. So streuen Sie das Risiko über viele Länder, Regionen und vor allem Einzeltitel. Mal läuft es in den USA besser, mal in Europa, mal sind Technologie-Aktien gefragt, mal eher konservative Chemie- und Pharmatitel. Solche Aktienfonds bieten alle Fondsgesellschaften an, Sie finden sie leicht über Suchmaschinen auf den Seiten der Onlinebroker oder auf nachrichtlichen Finanz-Webseiten. Der passende Index heißt MSCI World. Sein Name täuscht allerdings ein wenig. Im Index sind nur Aktien aus den Industrienationen, die aufstrebenden Schwellenländer fehlen und sind im MSCI Emerging Markets vertreten. Sie können natürlich auch Sparpläne auf beide Indizes abschließen.

Geringe Sparrate, große Wirkung

Ein Sparplan auf globale Aktien, ob nun via Fonds oder ETF, lohnt sich auf jeden Fall. Der Fondsverband BVI rechnet regelmäßig nach und das Ergebnis solcher Sparpläne kann sich wirklich sehen lassen. Wer zehn Jahre lang Monat für Monat 100 Euro in einen Aktienfonds global investierte, zahlte 12.000 Euro ein und konnte sich Ende März 2019 über 16.983 Euro freuen. Das entspricht einer Rendite von stolzen 6,8 Prozent pro Jahr. Auf Sicht von 15 Jahren ist die Rendite mit 5,7 Prozent etwas geringer, weil der Finanzkrisen-Crash zwischenzeitlich die Kurse abstürzen ließ. Trotzdem wurden aus 18.000 Euro immerhin 28.045 Euro. Und wenn Sie 20 Jahre lang investiert hätten, wären aus 24.000 Euro unglaubliche 40.894 Euro geworden. Das entspricht übrigens nur einer

Rendite von fünf Prozent, weil neben der Finanzkrise auch noch der Internet-Crash in diesen Anlagezeitraum fiel. Trotzdem zeigt das Ergebnis: Sparpläne lohnen sich! Langfristig wächst das Vermögen enorm, selbst wenn es zwischendurch auch einmal übel knallt an der Börse. Für mich und meinen Vermögensaufbau sind Fonds- und ETF-Sparpläne deshalb ein wichtiger Baustein.

Bevor es losgeht, brauchen Sie ein Depot, denn ohne geht es nicht. In Ihrem Depot werden Aktien, Anleihen, Fonds, ETFs und andere Finanzprodukte verwahrt. Natürlich können Sie eines bei Ihrer Hausbank eröffnen, doch das kostet in der Regel. Viele Onlinebroker wie Comdirect, ING oder DKB verzichten auf die Depotgebühren; auch für die Ausführung Ihrer Kauf- und Verkaufsorders und die Sparpläne verlangen sie oft geringere Gebühren. Bei teuren Anbietern kann die Depotgebühr gut zwei Prozent des Depotvolumens betragen. Andere Anbieter erheben keine Jahresgebühren, greifen dafür aber bei den Ordergebühren kräftig zu. Je öfter Sie handeln, desto stärker können diese ins Gewicht fallen. Eine Faustregel ist, dass die Gesamtgebühren maximal ein Prozent des geplanten Anlagevolumens ausmachen sollten. Gerade für Sparpläne gibt es oft kostengünstige Angebote und zeitlich begrenzte Aktionen. Da die Kosten natürlich die Rendite schmälern, sollten sie so gering wie möglich sein. Die Gebühren für die Sparpläne halten sich in der Regel in Grenzen.

Je nachdem, was Ihr Budget hergibt und was Ihre Bank oder Ihr Onlinebroker anbietet, können Sie in Raten ab 25 Euro sparen. Das muss auch gar nicht monatlich passieren. Viele Banken und Onlinebroker bieten beispielsweise Intervalle von zwei, drei oder sechs Monaten an. Es lohnt sich, die Konditionen zu vergleichen. Börsen-Webseiten und -Magazine testen regelmäßig verschiedene Anbieter.

Das Schöne am Sparplan: Sie bleiben maximal flexibel. Sie können nämlich jederzeit die Rate ändern oder den Sparplan aussetzen. Das geht bei den Onlinebrokern mit wenigen Klicks im Internet. Und Sie können jederzeit Geld entnehmen, indem Sie Fonds- beziehungsweise

ETF-Anteile verkaufen, wenn es unbedingt sein muss. Gerade wenn wir noch am Anfang unseres Vermögensaufbaus sind, ist das eine beruhigende Alternative. Ich bin ein großer Fan von Sparplänen und habe seit Jahren mehrere. Es lohnt sich! Mitunter wundere ich mich sogar, wie sehr. Und als Einstieg in die Börse sind sie erst recht prima. Kleine Summen, hohe Flexibilität, automatisches Sparen. Fangen Sie einfach an! Und schauen Sie nicht so oft hin, vor allem in schwachen Börsenzeiten nicht. Über die Jahre wird ein schönes Sümmchen zusammenkommen, trotz zwischenzeitlicher Rücksetzer. Versprochen!

Grundsätzlich müssen Sie selbst entscheiden, welchen Teil Ihres Kapitals Sie gefördert, aber starr, und welchen Teil Sie flexibel anlegen wollen. Beim flexiblen Teil setze ich auf Aktien; je höher der Aktienanteil, desto besser. Den perfekten Mix gibt es nicht. Welche Bausteine es sein sollen und wie groß diese sein dürfen, hängt von Ihren Zielen, Ihrer Lebenssituation und natürlich Ihrer Risikoneigung ab. Die Zusammenstellung der einzelnen Bausteine ist sehr individuell und kann sich mit den Jahren selbstverständlich ändern. Mein Rat: Fangen Sie einfach an. Lassen Sie das Thema Vermögensaufbau nicht mehr links liegen. Um Ihre Altersvorsorge sollten Sie sich so früh wie möglich kümmern. Und wenn es nur ein kleiner Sparplan ist oder wenn es nur die vermögenswirksamen Leistungen vom Chef sind. Hauptsache, Sie tun überhaupt etwas. Das kann man dann Schritt für Schritt ausbauen. Und emanzipieren Sie sich finanziell ein Stück weit von Ihrem Partner oder Mann. Wenn es gut läuft, haben Sie am Ende beide etwas von Ihrer neu gewonnenen finanziellen Freiheit. Läuft es schlecht, stehen Sie nicht im Regen.

AUF DEM WEG ZU
EINEM KLEINEN VERMÖGEN

Unser finanzieller Spielraum wird mit den Jahren in der Regel immer größer. Die Karriere läuft an, das Gehalt steigt, das Depot wird ein bisschen praller, größere „Sprünge" sind möglich. Genießen Sie es! Gönnen Sie sich auch einmal etwas. Sie haben es sich verdient. Und investieren Sie in Ihre Weiterbildung. Das zahlt sich eigentlich immer aus. Reisen Sie! All das ist ein Teil unserer finanziellen Freiheit.

Aber kümmern Sie sich auch von Zeit zu Zeit wieder um Ihre Finanzen. Keine Angst, Sie sollen nicht jeden mühsam verdienten Euro gleich wieder an der Börse investieren oder in einen neuen Vorsorgevertrag packen. Aber ein bisschen „mehr" sollten Sie schon zur Seite legen, wenn Sie mehr verdienen. Machen Sie alle fünf bis zehn Jahre oder nach jedem größeren Karriereschritt oder einer Gehaltserhöhung einen neuen Kassensturz. Wie viel kommt rein, wie viel geht raus? Könnten Sie mehr in Ihren Vermögensaufbau investieren? Mit Sicherheit.

Wie weit sind Sie damit überhaupt schon gekommen? Auch das ist Teil des Kassensturzes. Mit wachsendem Vermögen macht das immer mehr Spaß! Wenn Ihre Fonds- und ETF-Sparpläne schon einige Zeit laufen, dürfte sich bereits ein mittelgroßes Sümmchen angesammelt haben. Hat es gerade erst an der Börse gekracht, dann könnten Sie natürlich auch im Minus sein. Bitte bewahren Sie dann die Nerven, lassen Sie den Sparplan einfach weiterlaufen. Auch Ihr VL-Konto könnte mittlerweile gut gefüllt sein. Wunderbar. Es geht voran.

Überdenken Sie bitte von Zeit zu Zeit noch einmal Ihre Ziele und Ihre Risikoneigung. Beides könnte sich mit den Jahren verändert haben.

Vielleicht müssen, können oder wollen Sie Ihre Geldanlage und Ihre Versicherungsverträge ein wenig nachjustieren. Apropos Versicherungspolicen: Diese sollten Sie ebenfalls regelmäßig überprüfen. Mitunter gibt es bessere und günstigere Tarife, in die Sie wechseln können. Vielleicht ist Ihre Versicherungssumme auch nicht mehr hoch genug. Bei der Hausratversicherung kann das schnell passieren, wir sammeln schließlich (oder hoffentlich) immer mehr wertvolle Gegenstände an. Das muss gar nicht teurer Schmuck oder wertvolle Kunst sein. Das Fahrrad wird luxuriöser, die neue Spiegelreflexkamera, der Super-PC, Smartphone und Tablet – da kommt einiges zusammen. Viele von uns passen den Vertrag erst bei einem Umzug an, wenn sich Adresse und vor allem Quadratmeterzahl ändern. Aber es könnte sinnvoll sein, vorher schon einmal einen Blick darauf zu werfen.

Auf jeden Fall haben Sie nun einen größeren finanziellen Spielraum, um Ihre Zukunft zu planen und Ihre Ziele zu erreichen. Vermögensaufbau wird jetzt immer einfacher. Sie haben einfach mehr Geld, das Sie investieren können. Als leidenschaftliche Börsianerin empfehle ich Ihnen, einen Teil Ihres Geldes in Aktien zu investieren, und zwar über Ihren bereits bestehenden Fonds- oder ETF-Sparplan hinaus. Das lohnt sich langfristig sicher! Vielleicht ist aber auch die Riester-Rente etwas für Sie – ein etwas starres Konzept, aber es locken Zulagen und Steuervorteile. Wenn Sie angestellt sind, sollten Sie sich auch über die Möglichkeiten der betrieblichen Altersvorsorge informieren. Ja, je größer Ihr finanzieller Spielraum, desto mehr Optionen haben Sie. Aber schrecken Sie nicht zurück, kümmern Sie sich. Sie treffen schließlich Entscheidungen für einige, manchmal sehr viele Jahre. Da können Sie schon ein paar Stunden in Recherche und Beratung „investieren".

Betriebliche Altersvorsorge: Der Chef hilft beim Vermögensaufbau

Als Arbeitnehmerin haben Sie Anspruch auf betriebliche Altersvorsorge. Es gibt viele Varianten, viele Angebote, die je nach Unternehmen variieren. Ich kann Ihnen hier nur einen kurzen Überblick geben, wie Ihr Chef Ihnen dabei helfen könnte, für die Rente zu sparen. Suchen Sie das Gespräch mit ihm oder der Personalabteilung. Lassen Sie sich beraten, vergleichen Sie Angebote und seien Sie kritisch. Nicht alles lohnt sich wirklich, vor allem dann nicht, wenn Sie in absehbarer Zeit den Job wechseln wollen. Verträge lassen sich nicht immer zum neuen Arbeitgeber mitnehmen. Wenn Sie also davon überzeugt sind, dass Sie in Ihrem Berufsleben noch einige Arbeitgeber haben werden, sind Alternativen wie die Riester-Rente oder unsere Fonds- und ETF-Sparpläne möglicherweise die bessere Wahl.

Grundsätzlich haben Sie heute als Arbeitnehmerin einen Anspruch auf eine betriebliche Altersversorgung (kurz: bAV). Das bedeutet: Ihr Arbeitgeber muss – wenn Sie das wollen und keine tarifvertraglichen Regelungen dem entgegenstehen – einen bestimmten Betrag von Ihrem Bruttolohn als Beitrag für eine betriebliche Altersversorgung verwenden. Dieses Verfahren wird als Entgeltumwandlung bezeichnet. Werden Sie nach Tarif bezahlt, ist eine solche Entgeltumwandlung nur möglich, wenn der Tarifvertrag dies ausdrücklich vorsieht beziehungsweise zulässt.

Die Beiträge zur bAV können ganz oder teilweise von Ihrem Arbeitgeber übernommen werden oder – in anderen Fällen – aus Ihrem Nettogehalt stammen. Die betriebliche Altersversorgung organisiert und führt in jedem Fall Ihr Arbeitgeber durch. Er entscheidet, welche Anlageform er anbieten will, kümmert sich um die Beitragszahlungen und ist der Vertragspartner für den ausgewählten Anbieter beziehungsweise Finanzdienstleister. Einen gesetzlichen Anspruch auf eine vom Arbeitgeber finanzierte Betriebsrente gibt es nicht. Allerdings kann in tarifvertraglichen Regelungen festgelegt sein, dass der Arbeitgeber die Betriebsrente teilweise oder vollständig finanziert. Entsprechende Regelungen kann es auch auf betrieblicher Ebene geben oder sie können zwischen Arbeitgeber und Arbeitnehmer einzelvertraglich gestaltet werden. Fragen Sie also nach.

Bei einer (Brutto-)Entgeltumwandlung muss sich der Arbeitgeber in der Regel mit mindestens 15 Prozent des umgewandelten Gehalts beteiligen. Dies gilt bei allen neu abgeschlossenen Vereinbarungen zur Entgeltumwandlung ab 2019. Ab 2022 gilt dies auch für alle bereits bestehenden Vereinbarungen zur Entgeltumwandlung. Haben Sie sich für eine solche Entgeltumwandlung entschieden, müssen Sie zunächst mit Ihrem Arbeitgeber vereinbaren, welchen Betrag Ihres Bruttolohns er für die betriebliche Altersversorgung umwandeln soll. Einen Anspruch auf Entgeltumwandlung haben Sie in Höhe von vier Prozent der Beitragsbemessungsgrenze (West) in der gesetzlichen Rentenversicherung. Diese liegt im Jahr 2019 bei 80.400 Euro. Vier Prozent davon sind 3.216 Euro.

Eine betriebliche Altersversorgung kann als Direktversicherung, über eine Pensionskasse, über einen Pensionsfonds, als Direkt- beziehungsweise Pensionszusage oder über eine Unterstützungskasse durchgeführt und aufgebaut werden. Diesen sogenannten Durchführungsweg wählt wie gesagt der Arbeitgeber aus.

Die Direktversicherung ist eine Lebens- oder Rentenversicherung, die Ihr Arbeitgeber als Versicherungsnehmer zu Ihren Gunsten abschließt. Die Beiträge zur Direktversicherung kann Ihr Arbeitgeber in vollem Umfang allein tragen, sie können aber auch im Rahmen einer Entgeltumwandlung zwischen Ihrem Arbeitgeber und Ihnen aufgeteilt werden.

Pensionskassen sind Versorgungseinrichtungen, die von einem oder mehreren Unternehmen gebildet werden. Sie sind spezielle Lebensversicherungen. Die Beiträge zahlen die Arbeitgeber. Als Arbeitnehmerin haben Sie allerdings die Möglichkeit, sich in Form der Entgeltumwandlung daran zu beteiligen. Scheiden Sie mit unverfallbaren Anwartschaften auf eine betriebliche Altersversorgung aus dem Unternehmen aus, können Sie Ihre Vorsorge in einer Pensionskasse grundsätzlich mit eigenen Beiträgen fortsetzen.

Pensionsfonds sind rechtlich selbstständige Versorgungseinrichtungen, die den Arbeitnehmern einen Rechtsanspruch auf die zugesagten Leistungen einräumen. Pensionsfonds sind freier in der Wahl ihrer Geldanlagen als Direktversicherungen und Pensionskassen. Damit sind einerseits zwar höhere Renditen möglich, andererseits besteht auch ein größeres Risiko von Verlusten.

Bei einer Direkt- oder Pensionszusage verpflichtet sich der Arbeitgeber, Ihnen im Pensionsalter eine Betriebsrente aus dem Betriebsvermögen zu zahlen. Hierfür bildet der Arbeitgeber Pensionsrückstellungen. Oftmals schließt der Arbeitgeber auch eine Rückversicherung ab. Für den Fall der Insolvenz Ihres Arbeitgebers sind Ihre Ansprüche aus einer Direktzusage beim Pensions-Sicherungs-Verein (PSVaG) geschützt. Das bedeutet, wenn der Arbeitgeber zahlungsunfähig wird, erhalten Sie weiterhin Ihre bereits erworbene betriebliche Versorgung. Direktzusagen sind meist reine Arbeitgeberleistungen; eine Entgeltumwandlung ist jedoch grundsätzlich möglich. Scheiden Sie allerdings aus dem Unternehmen aus, haben Sie keinen Anspruch darauf, die Versorgung mit eigenen Beiträgen weiter aufzubauen. Anwartschaften, die Sie bis dahin erworben haben, bleiben Ihnen jedoch erhalten.

Und dann gibt es noch die Unterstützungskasse. Das ist eine Versorgungseinrichtung, die von einem oder mehreren Unternehmen gebildet wird. Als Arbeitnehmerin haben Sie selbst keinen Anspruch auf Leistungen gegenüber der Unterstützungskasse, sondern nur Ihrem Arbeitgeber gegenüber. Die Unterstützungskasse soll das von den beteiligten Unternehmen eingezahlte Kapital und alle daraus erzielten Vermögenserträge möglichst gewinnbringend anlegen und daraus später die Betriebsrenten auszahlen. Reichen die Mittel der Unterstützungskasse zur Finanzierung der Betriebsrenten nicht aus, muss der Arbeitgeber einspringen und den Rest der zugesagten Betriebsrenten selbst aufbringen. Im Fall einer Insolvenz des Arbeitgebers sichert auch hier der Pensions-Sicherungs-Verein die erworbenen Versorgungsleistungen der Arbeitnehmer.

Betriebsrenten müssen später versteuert werden. Gesetzlich krankenversicherte Rentner zahlen zudem den vollen Beitrag zur Kranken- und Pflegeversicherung. Auch wenn Sie im Alter nur eine kleine Rente beziehen und auf die staatliche Grundsicherung angewiesen sein sollten – die betriebliche Altersversorgung kann sich für Sie rechnen: Aktuell können bis zu rund 200 Euro pro Monat aus den Rentenleistungen der freiwilligen Altersvorsorge – zu denen auch die betriebliche Altersversorgung gehört – anrechnungsfrei bleiben. Klar ist: Je mehr der Arbeitgeber dazugibt, desto mehr lohnt sich betriebliche Altersvorsorge. Finanziert Ihr Arbeitgeber die Extrarente, machen Sie auf jeden Fall mit. In allen anderen Fällen müssen Sie ein bisschen rechnen. Dabei helfen Ihnen aber sicher die Personalabteilung und der jeweilige Anbieter.

Für Ihre Arbeitnehmerbeiträge können Sie übrigens bei Direktversicherung, Pensionskasse und Pensionsfonds auch die Riester-Förderung nutzen. Apropos Riester: Die ebenfalls staatlich mit Zulagen und Steuervorteilen geförderte Riester-Rente kommt bei Experten oft besser weg als die betriebliche Altersvorsorge. Wer das starre Förderkonzept akzeptiert und sich jahrzehntelang an einen Vertrag binden mag, sollte sich Riester-Angebote in jedem Fall ansehen. Experten raten hier zu Fondssparplänen statt zu Versicherungen, die meist zu teuer sind. Zumal die Fondssparpläne auch die bessere Rendite bringen. Vereinfacht gesagt kann jeder Arbeitnehmer, der in die gesetzliche Rentenkasse einzahlt, und jeder Beamte riestern. Außerdem gibt es Regelungen für bestimmte Berufsgruppen wie Auszubildende oder Selbstständige. Auch wenn Sie selbst nicht erwerbstätig sind, können Sie eventuell über Ihren Ehepartner mitriestern.

Riestern mit staatlicher Förderung

Attraktiv bei der Riester-Rente ist vor allem die staatliche Förderung. Diese besteht aus Zulagen und Steuervorteilen. Wer die volle Förderung erhalten möchte, muss jährlich einen Mindestbeitrag in die Riester-Rente einzahlen. Dieser sogenannte Mindesteigenbeitrag liegt seit dem Jahr 2008 bei vier Prozent des Vorjahres-Bruttoeinkommens, höchstens aber 2.100 Euro. Verbraucher können in ihren Vertrag so viel einzahlen, wie sie möchten. Allerdings wird die Riester-Rente nur bis zum

Maximalbeitrag von jährlich 2.100 Euro gefördert. Wird in den Vertrag weniger eingezahlt als der Mindesteigenbetrag, so erhält der Sparer die Riester-Förderung nur anteilig. Wenn Sie genug einzahlen, beträgt die jährliche Grundzulage seit 2018 pro Person 175 Euro, die Kinderzulage 185 Euro für bis Ende 2007 geborene Kinder und 300 Euro für ab 2008 geborene Kinder. Junge Sparer bis 25 Jahre erhalten zusätzlich einmalig den Berufseinsteigerbonus von 200 Euro.

Die Höhe Ihres Steuervorteils hängt von Ihrem Einkommensteuersatz ab: Sie können maximal 2.100 Euro im Jahr von der Steuer absetzen, inklusive der Zulagen. Der geldwerte Steuervorteil, der sich daraus ergibt, wird mit den Zulagen verrechnet. Das erledigt das Finanzamt im Rahmen der Steuererklärung. Bei mehreren Kindern ist die Zulage oft höher als der Steuervorteil. So profitieren kinderreiche Familien von den Zulagen und allein veranlagte Gutverdiener vor allem vom Steuervorteil. Für sie ist eine Riester-Rente besonders sinnvoll.

Die Riester-Rente ist eine ziemlich sichere Sache: Ihre Einzahlungen und die erhaltenen Zulagen sind gesetzlich garantiert, hinzu kommen mögliche Kapitalerträge. Die Auszahlungsphase beginnt normalerweise mit dem Renteneintritt, frühestens aber mit 60 Jahren. Ihre lebenslange Rentenzahlung müssen Sie mit Ihrem dann geltenden Steuersatz versteuern – Experten sprechen von nachgelagerter Besteuerung. Im Endeffekt sparen Sie so gut wie immer Steuern, da Sie im Alter meist einen niedrigeren Steuersatz haben als im Berufsleben. Da die Anbieter mit einer hohen Lebenserwartung rechnen, lohnen sich die regelmäßigen Zahlungen für Sie nur, wenn Sie ein hohes Alter erreichen. Alternativ können Sie zu Beginn der Auszahlphase bis zu 30 Prozent des Kapitals auf einmal entnehmen. Das hat allerdings den Nachteil, dass sich Ihr Steuersatz in diesem Jahr durch die Einmalzahlung erheblich erhöht.

Verschiedene Vertragsformen stehen zur Auswahl: Banksparpläne, Rentenversicherungen, Wohn-Riester und Fondssparpläne. Welcher Riester-Vertrag am besten passt, hängt davon ab, wie lange Sie noch bis zur Rente haben, ob Sie eine Immobilie kaufen oder bauen wollen und welche Anlageform Sie bevorzugen. Eine Immobilie ist natürlich ebenfalls ein Baustein für Ihren langfristigen Vermögensaufbau. Normalerweise ist sie nicht Schritt 1, manchmal aber doch. Auf jeden Fall sollten Sie mit Blick auf die Produktauswahl beim Riestern kurz darüber nachdenken, ob und wann Sie einen Wohnungs- oder Hauskauf in Betracht ziehen oder sogar planen.

Wenn Sie vorhaben, in der nächsten Zeit eine Immobilie zu erwerben, kann ein Wohn-Riester-Vertrag für Sie die beste Wahl sein. Sie nehmen ein Darlehen auf, dessen Rückzahlung wie andere Riester-Produkte gefördert wird, nämlich mit Zulagen und Steuervorteilen. Durch die staatliche Hilfe zahlen Sie den Kredit dann schneller ab. Deshalb kann sich ein Riester-Darlehen auch dann lohnen, wenn der Zinssatz für den Kredit höher ist als bei einem nicht geförderten Darlehen. Rechnen Sie auf jeden Fall nach, lassen Sie sich beraten. Wohn-Riester gibt es übrigens nur, wenn Sie selbst in Ihrer Immobilie wohnen. Wie bei anderen Riester-Varianten müssen Sie die erhaltenen Vorteile im Rentenalter versteuern. Das geschieht über ein fiktives Konto, das sogenannte Wohnförderkonto. Da Sie im Alter keine direkten Leistungen beziehen, sondern Ihr Vorteil das mietfreie Wohnen ist, wird Ihre Steuerlast über dieses Konto berechnet.

Wenn Sie erst in einigen Jahren eine Wohnung oder ein Haus kaufen möchten, bietet sich ein Riester-Bausparvertrag an. Dann erhalten Sie die Riester-Förderung in der ersten Phase für Ihre Sparbeiträge und sichern sich gleichzeitig die Zinsen für ein Bauspardarlehen. Nach Zuteilung und Auszahlung des Bauspardarlehens läuft die Riester-Förderung weiter, dann für die Tilgung des Baukredits. Einen Nachteil haben Sie jedoch, wenn Sie das Baudarlehen später doch nicht benötigen. Denn ein Bausparvertrag wird meist niedriger verzinst als andere Sparformen. In diesen Fällen kann es sinnvoll sein, den bestehenden Riester-Bausparvertrag in eine andere Riester-Variante zu überführen.

Den Riester-Banksparplan können wir dabei aber getrost vergessen. Wir wollen schließlich Vermögen aufbauen. Ihre monatlichen Raten werden allerdings auf diesem Konto kaum verzinst. Die Rendite bringt also vor allem die Förderung. Ein Renditebringer ist leider auch die klassische Riester-Rentenversicherung nicht. Ihre garantierte Verzinsung orientiert sich nämlich am Garantiezins für Lebensversicherungen und der liegt seit Anfang 2017 bei mageren 0,9 Prozent pro Jahr auf den Sparanteil, also Ihren Beiträgen abzüglich der Kosten. Und diese sind bei Riester-Versicherungen einfach zu hoch. Einen Vorteil hat diese Variante jedoch: Sie wissen schon bei Vertragsabschluss, wie hoch Ihre Bezüge im Alter mindestens sein werden.

Wie so oft liefert die beste Rendite der Aktienmarkt. Ein eigentlicher Vorteil der Riester-Regeln bremst die Fondssparpläne allerdings ein wenig aus: Weil die Anbieter dazu verpflichtet sind, dass zu Renteneintritt mindestens die Summe aller Einzahlungen zur Verfügung stehen muss, können die Unternehmen nicht die gesamten Sparraten in die renditestarken Aktienfonds einzahlen. Ein Teil Ihrer Beiträge fließt deshalb meist in sicherere Rentenfonds, die natürlich deutlich geringere Renditen bringen. Hinzu kommen meist hohe Kosten bei diesen Verträgen. Wie so oft bei Vermögensaufbau und Altersvorsorge haben Sie also die Qual der Wahl.

Aktien als wichtiger Baustein zum Vermögensaufbau

Apropos Sparpläne: Sie können und sollten von Zeit zu Zeit Ihre Fonds- und ETF-Sparpläne anpassen. Ich habe meine Sparraten nach jeder Gehaltserhöhung ein bisschen hochgeschraubt. Denn die besten Renditen gibt es immer noch an der Börse. Natürlich wird der Aktienanteil in Ihrem Portfolio so immer größer. Ihr persönlicher Vermögensaufbau hängt also immer stärker von der Entwicklung der globalen Finanzmärkte ab. Ich kann dieses Risiko gut vertragen, weil ich überzeugt von der Anlageklasse Aktien bin. Bei meinem langfristigen Vermögensaufbau und meiner Altersvorsorge sind Aktien ein wichtiger Baustein. Ich investiere nicht nur über meine Sparpläne, sondern auch durch Einmalanlagen. Mit wachsendem finanziellem Spielraum sollten auch Sie nun etwas stärker auf diese Anlageklasse setzen.

Ob wir nun ein mittelfristiges Ziel erreichen möchten oder im Alter finanziell gut dastehen wollen, Vermögensaufbau erfordert Disziplin. Und das gilt nicht nur für Sparpläne, die Sie einfach immer weiterlaufen lassen sollten. Das gilt auch für andere Verträge und erst recht für ein Börsendepot, das Sie nach und nach mit Aktien und Anleihen, Fonds und ETFs bestücken. Diszipliniert anlegen können Sie aber nur, wenn die von Ihnen gewählten Finanzprodukte zu Ihrer Risikotoleranz passen. Die schönste Anlagestrategie bringt nichts, wenn Sie sich mit ihr nicht wohlfühlen. Das gilt grundsätzlich für jedes Produkt, vor allem aber für Aktien. Kurse schwanken, mitunter sogar stark. Und das bekommen Sie normalerweise auch mit, entweder weil Sie in Ihr Depot schauen oder weil die Medien wieder einmal von Rücksetzern, Korrekturen oder gar einem Crash berichten. Bei einer Immobilie ist das anders. Es gibt keine regelmäßige Information über deren Wert. Sie erfahren oft auch nicht, dass der Nachbar gerade für seine Wohnung viel weniger bekommen hat, als er eigentlich in der Verkaufsanzeige aufgerufen hatte. Sie wiegen sich in trügerischer Sicherheit.

Und natürlich schwanken Immobilienpreise nicht so stark wie Aktienkurse. Deshalb müssen Sie sich bei diesem Baustein viele Gedanken machen – über Risiko, Ihre persönliche Risikoneigung, Ihre Risikotragfähigkeit. Denn ist Ihr Aktienanteil für Ihre persönlichen Vorlieben und Ängste viel zu hoch, werden Sie Ihrer Strategie niemals treu bleiben können. Sie werden schlecht schlafen und sich unwohl fühlen, wenn es an den Märkten mal wieder abwärtsgeht. Das werden Sie irgendwann nicht mehr ertragen können und wahrscheinlich bei Börsenturbulenzen schnell aussteigen. Das kostet Geld (Sie realisieren schließlich Ihre Verluste) und macht Ihre Strategie zunichte. Deshalb müssen Sie entscheiden, wie viel Risiko Sie eingehen möchten und welche Kursschwankungen Sie zu ertragen bereit sind. Oder drastischer ausgedrückt: Welchen Teil Ihres Ersparten sind Sie bereit, aufs Spiel zu setzen? Zumindest zwischenzeitlich.

Welcher Risikotyp sind Sie also? Bankberater und Vermögensverwalter sortieren ihre Kunden in der Regel in Klassen ein. Denn was dem einen zu riskant ist, ist dem anderen noch zu renditeschwach. Um unsere persönliche Risikoneigung zu bestimmen, müssen wir uns ein paar wichtige Fragen stellen: Wie viel Geld kann ich investieren und für wie lange? Diese Frage beantworten Sie nicht zum ersten Mal, aber vielleicht nun anders. Welche Ziele haben Sie, was wollen Sie wann erreicht haben? Auch keine neue Frage, doch auch hier könnte die Antwort sich geändert haben. Und wie viel sind Sie bereit, dafür zu riskieren? Können Sie mittlerweile höhere Verluste verkraften, weil Sie ja auch mehr verdienen? Was ist mit zwischenzeitlichen Rücksetzern, halten Sie das aus? Eine Frage der Banker lautet beispielsweise: „Niemand weiß, wie sich die Börse in den kommenden Monaten oder Jahren entwickelt. Welches Risiko würden Sie eingehen, um eine höhere Verzinsung zu erreichen?" Wenn Sie keine Geldanlage wollen, bei der die Gefahr eines Verlustes besteht – wenn auch nur zwischenzeitlich –, sind sie sicherheitsorientiert. Aktien sollten dann nur einen sehr kleinen Teil Ihrer Geldanlage ausmachen. Verzichten sollten Sie auf diese Risikoklasse aber nie. Denn Sie brauchen diesen Renditebringer für Ihren langfristigen Anlageerfolg. Ich empfehle in meinen Vorträgen, Seminaren und Büchern einen Aktienanteil im Depot von mindestens 30 Prozent. Antworten Sie auf die Frage des Bankers, dass Sie bei einer entsprechenden Rendite einen größeren Verlust Ihres Investments in Kauf nehmen würden, sind Sie chancenorientiert. Aktien werden dann einen großen Teil Ihrer Geldanlage ausmachen. Je nach Risikogruppe gibt es bei Ihrer Bank, Ihrem Onlinebroker, bei Vermögensverwaltern oder auf diversen Internetportalen verschiedene Produktempfehlungen.

Grob lassen sich die gängigen Risikotypen so definieren: Die sicherheitsorientierte Anlegerin bevorzugt eine stetige Wertentwicklung und sichere Ertragserwartungen. Größere Schwankungen will sie nicht ertragen müssen, weshalb ihr Aktienanteil eher gering ist. Sie bevorzugt festverzinsliche Anlageprodukte wie Anleihen von Schuldnern mit guter oder sehr guter Bonität sowie Festgeld. In Zeiten, in denen Zinsen praktisch abgeschafft sind, wird ihre Rendite entsprechend homöopathisch sein. Doch das nimmt sie in Kauf. Ich kann solch risikoaversen Anlegerinnen allerdings nur immer wieder zu einem zumindest geringen Aktienanteil raten, um die ausbleibenden Zinserträge mit Dividendenzahlungen – und hoffentlich auch Kursgewinnen – zu kompensieren.

In die Risikoklasse „sicherheitsorientiert" lassen sich leider die meisten Frauen einordnen. Denn den „kleinen Unterschied" gibt es auch bei der Geldanlage. Das hat eine Studie der Fondsgesellschaft J.P. Morgan Asset Management vor einiger Zeit deutlich gezeigt. Frauen investieren viel risikobewusster als Männer und verzichten dabei auf Renditechancen. Sicherheit geht vor. 54 Prozent der Frauen, aber nur 43 Prozent der Männer ist es wichtiger, ihr Kapital zu erhalten, anstatt es zu vermehren. Nur acht Prozent der Frauen sind bereit, Schwankungen in Kauf zu nehmen, wenn dafür Erträge in Höhe von vier bis fünf Prozent möglich sind – bei den Männern sind es mit 16 Prozent doppelt so viele. Frauen sind bei der Geldanlage zurückhaltender als Männer. Frauen sparen einfach anders als Männer. Und leider nimmt der Aktienanteil in ihren Depots immer weiter ab. Im Jahr 2018 lag er nur bei knapp zehn Prozent, die Männer kamen immerhin auf gut 21 Prozent. Im Jahr zuvor waren es immerhin noch 10,6 Prozent. Warum ihr Aktienanteil in Zeiten des Börsenbooms abgenommen hat, ist mir völlig schleierhaft. Allerdings ging er auch bei den Männern um 0,5 Prozent zurück. Fakt ist leider: Viele Frauen meiden Aktien und der Aktienanteil in ihren Depots ist viel zu gering – Tendenz weiter fallend.

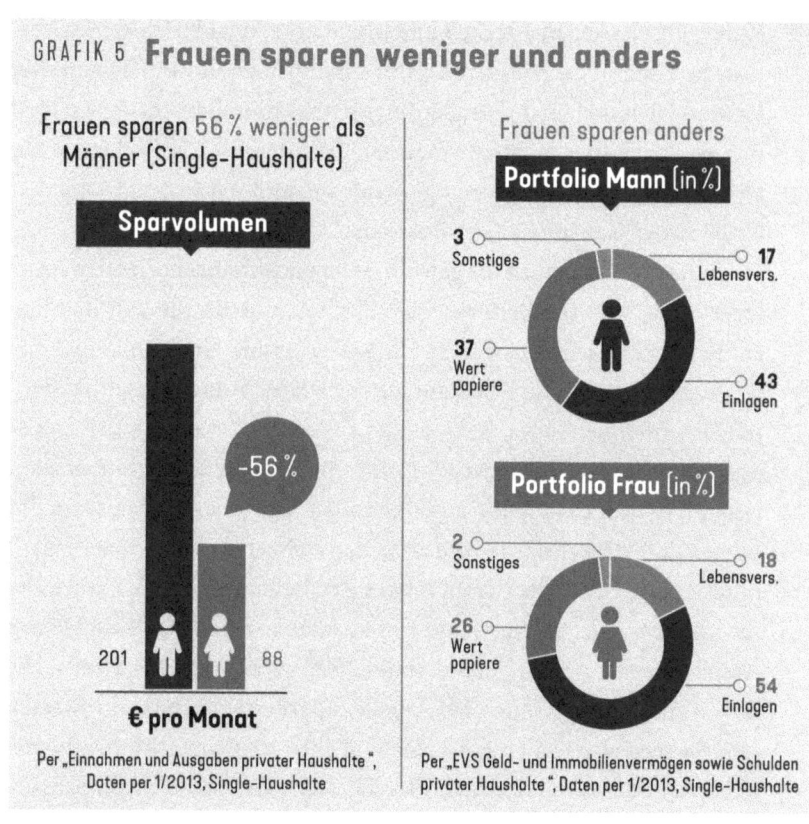

GRAFIK 5 **Frauen sparen weniger und anders**

Frauen sparen 56 % weniger als Männer (Single-Haushalte)

Sparvolumen

-56 %

201 · 88

€ pro Monat

Per „Einnahmen und Ausgaben privater Haushalte", Daten per 1/2013, Single-Haushalte

Frauen sparen anders

Portfolio Mann (in %)

3 Sonstiges
17 Lebensvers.
37 Wert papiere
43 Einlagen

Portfolio Frau (in %)

2 Sonstiges
18 Lebensvers.
26 Wert papiere
54 Einlagen

Per „EVS Geld- und Immobilienvermögen sowie Schulden privater Haushalte", Daten per 1/2013, Single-Haushalte

Quelle: Destatis, Barkow Consulting; Finanz-Heldinnen

Das trifft aber natürlich nicht auf alle Frauen zu. Ein bisschen riskanter mag es die konservative Anlegerin. Sie möchte etwas höhere Erträge als die sicherheitsorientierte und setzt auch auf mögliche Kursgewinne. Aktien gehören zu ihrer Anlagemischung definitiv dazu, auch wenn ihr Anteil deutlich geringer ist als beispielsweise der Anteil der Anleihen oder Immobilien. Wahrscheinlich setzt sie auf sehr konservative Standardwerte mit hohen Dividendenrenditen. Sie kann eventuelle Schwankungen an der Börse relativ gut verkraften. Zumal es auch in schwachen Börsenphasen eine Dividende gibt, eine Art Risikopuffer. Ihre Denke: Schüttet ein Unternehmen üppig aus, kann sie genau diese Summe als

Kursverlust locker wegstecken und macht unter dem Strich keinen Verlust. In Zeiten von heftigeren Schwankungen ist ein Puffer von drei Prozent Dividendenrendite allerdings schnell aufgebraucht. Wir sollten uns also auch hier nichts vormachen. Trotzdem ist die Dividende ein wichtiger Baustein des Vermögensaufbaus und macht langfristig den Großteil der Gewinne an der Börse aus.

Und dann ist da noch die gewinn- oder auch chancenorientierte Anlegerin. Sie hat vor allem ein Ziel: Kapitalzuwachs. Sie will Rendite. Aktien machen einen großen Teil ihres Depots aus. Nicht nur Standardwerte stehen auf ihrem Depotauszug, auch Nebenwerte, also die kleineren Unternehmen, oder die eine oder andere Modeaktie werden beigemischt. Sie investiert weltweit und auch in wachstumsstarke, aber auch riskantere Märkte wie die aufstrebenden Schwellenländer. Dass die Börsen dort stärker schwanken als in den etablierten Industrienationen, nimmt sie in Kauf. Überhaupt muss sie zwischenzeitliche Kursrücksetzer immer wieder ertragen und kann das auch. Denn sie denkt bei der Aktienanlage langfristig, alles andere wäre Wahnsinn bei ihrer recht hohen Aktienquote. Auch bei Anleihen darf es ein bisschen riskanter sein. Sie setzt also nicht nur auf Staatsanleihen oder Unternehmensbonds mit bester oder zumindest guter Bonität. Auch Titel schwächerer Schuldner wandern als Beimischung ins Depot sowie riskantere Produkte wie beispielsweise Zertifikate mit Hebel. Bei diesen Papieren werden die Gewinne mit Faktor X gehebelt, die Verluste allerdings ebenso. Es besteht also die Chance auf einen zwei- oder fünffachen Gewinn beziehungsweise auf einen zwei- oder fünffachen Verlust. Bei Anleihen darf es auch mal ein Hybrid-Papier sein, bei dem die Zinszahlung ausfallen kann, wenn das Unternehmen etwa mit den Quartalszahlen ins Minus rutscht. Die chancenorientierte Anlegerin zockt jedoch nicht, sie geht Risiken bewusst ein.

Mit diesem Anlegertyp habe ich übrigens mich selbst beschrieben. Ich kann gut mit Risiko umgehen und verliere bei heftigeren Börsenschwankungen nicht die Nerven. Ich zocke nicht, sondern lege langfristig an und und gehe dabei gern etwas höhere Risiken ein. Die Aktienquote in meinem Depot liegt beispielsweise bei 80 Prozent. Ich investiere in Qualitätsaktien, Dividendentitel, Nebenwerte, Value-Aktien und Titel aus den aufstrebenden Schwellenländern – das Ganze über ETFs. Jeweils zehn Prozent entfallen auf Unternehmens- und Staatsanleihen. Die bringen zwar kaum noch Rendite, aber doch eine gewisse Ruhe ins Depot. Wenn Sie es genauer wissen möchten, empfehle ich Ihnen mein Buch „Einfach erfolgreich anlegen". Es enthält übrigens insgesamt drei Musterdepots – für jeden Risikotyp das richtige. Dazu kommen meine langfristigen Altersvorsorgeprodukte. Mein Depot macht aber, ehrlich gesagt, den größten Batzen aus.

Welcher Risikotyp Sie sind, kann sich mit den Jahren natürlich ändern und hängt unter anderem mit Ihrer finanziellen Situation zusammen. Und natürlich spielt es auch eine Rolle, in welcher Lebensphase Sie gerade sind. Planen Sie nur für sich allein oder für eine Familie? Wollen Sie in fünf Jahren bauen oder sparen Sie für die Altersvorsorge? Oder haben Sie Ihr Sparziel zwischenzeitlich erreicht und müssen ein neues definieren? Und natürlich werden Sie auch älter, nähern sich irgendwann dem Rentenalter. Dann legen Sie bestimmt immer sicherer an, weil Sie das Geld bald brauchen werden, um Ihre Rentenlücke zu füllen. Es schadet also nicht, von Zeit zu Zeit die eigene Risikotoleranz zu überprüfen. Es gibt Lebenssituationen, in denen sich selbst die chancenorientierteste Anlegerin nur wenig Risiko leisten kann.

Rendite, Sicherheit, Verfügbarkeit – ein magischer Mix

Eines muss uns immer klar sein: Maximaler Ertrag ohne Risiko, während das angelegte Geld jederzeit verfügbar ist – eine solche Geldanlage gibt es nicht. Sie wäre natürlich eine Idealvorstellung, aber diese Vorstellung ist leider absolut unrealistisch. Vielmehr stehen die Ziele Rendite, Sicherheit und Verfügbarkeit – Börsendeutsch: Liquidität – bei jeder Anlageform in einem Spannungsverhältnis. Anlageexperten nennen dies das „magische

Dreieck". Als Anlegerin sollten Sie sich bewusst machen, welche der drei Haupteigenschaften für Sie persönlich am wichtigsten ist. Je bedeutender ein Kriterium für die persönliche Anlageentscheidung ist, umso größer wird der Abstand zu den übrigen Zielen.

GRAFIK 6

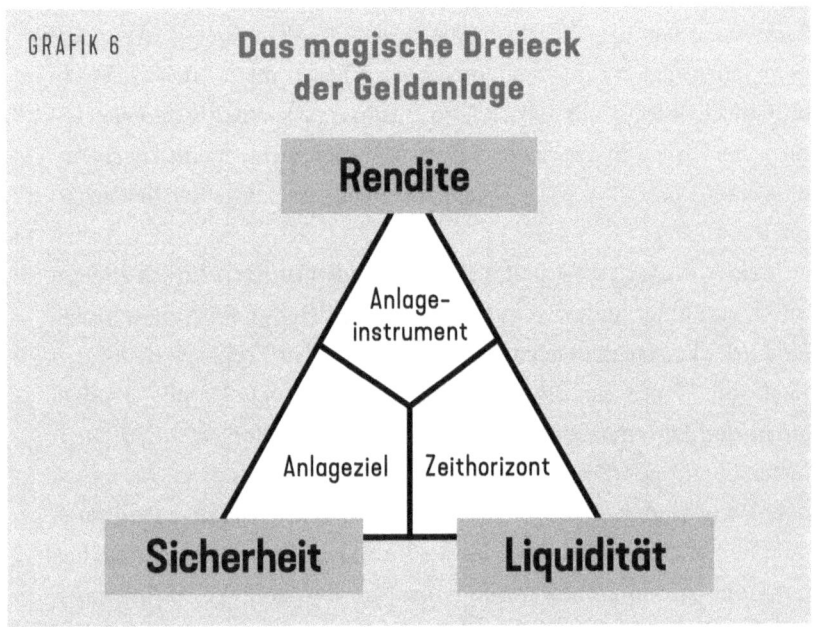

Das magische Dreieck
der Geldanlage

Quelle: Börsenbuchverlag

Rendite und Risiko sind bei der Geldanlage untrennbar miteinander verbunden. Je höher die Rendite ausfallen soll, desto mehr Risiko müssen Sie dafür in Kauf nehmen. Während sich die Rendite genau beziffern lässt, ist das Risiko eine abstrakte Größe. Die Finanzmathematik kennt unterschiedliche Risikomaße wie die „Volatilität", also die Schwankungsintensität einzelner Aktien oder Produkte, mit der sich das Wagnis einer Geldanlage objektiv bestimmen lässt und die in jedem Produktinformationsblatt ausgewiesen wird. Klingt staubtrocken, hochwissenschaftlich und sehr objektiv, ich weiß. Doch Vermögensanlage ist nicht objektiv. Im Gegenteil: Sie ist eine höchst individuelle Angelegenheit und sehr emotional. Deshalb müssen wir unbedingt unsere Komfortzone bestimmen, in der wir psychologisch betrachtet neutral und angstfrei agieren können. Diese Zeit sollten wir uns unbedingt nehmen, auch wenn es lästig ist. Um diese Komfortzone zu definieren, müssen wir unsere Leidensfähigkeit, unsere Renditeziele und damit den Risikobedarf, unsere Toleranzgrenze bei Verlusten (sprich, unsere Risikobereitschaft) und unsere Risikowahrnehmung kennen.

Vor allem unsere Risikowahrnehmung ist häufig verzerrt. Was wir kennen und verstehen, halten wir für sicher. So wie das Sparbuch oder das Tagesgeldkonto. Mit beiden verlieren wir nach Abzug der Inflation aber Geld. Was wir nicht kennen, was neu für uns ist, verunsichert uns. Wir halten es deshalb schnell für riskant oder zumindest für riskanter, als es ist. Natürlich sollten wir niemals etwas kaufen, was wir nicht verstehen. Das wäre riskant, keine Frage. Aber: Wir sollten uns informieren, Fragen stellen, Neues kennenlernen. Für viele Deutsche ist die Börse leider Neuland. Die Deutschen und die Aktie, das ist ein ziemlich gestörtes Verhältnis. Aber ein Stück weit sollten Sie die Angst vor der Börse, vor der Anlageklasse Aktie überwinden. Mit Ihrem ETF- oder Fondssparplan haben Sie den Anfang hoffentlich schon gemacht. Jetzt steigen wir tiefer ein. Warum nicht das jährliche Weihnachtsgeld oder den Bonus an der Börse investieren? Das Tagesgeldkonto ist mittlerweile viel zu üppig gefüllt? Wunderbar. Auch dieses Geld können Sie gewinnbringender anlegen. Aber bitte investieren Sie nicht den Notgroschen und auch kein Geld, das Sie in den kommenden fünf oder zehn Jahren brauchen. Denn natürlich gibt es an den Kapitalmärkten Risiken. Unternehmen können pleitegehen, politische Krisen können sich zuspitzen und das globale Wirtschaftswachstum kann schwächeln – die Kurse können jederzeit abstürzen. Das ist die extrem kurzfristige Betrachtungsweise. Wir denken jedoch langfristig. Und dann ist die Aktie nicht nur die renditestärkste Anlageform überhaupt, sondern mit dem Anlagehorizont schwindet zugleich das Verlustrisiko.

Risikostreuung: Das wichtigste Gebot der Geldanlage

Der sprichwörtliche lange Atem ist nicht der einzige Weg, um das Risiko zu minimieren. Das wichtigste Gebot der Geldanlage überhaupt lautet: Streuen Sie Ihr Risiko. Das gilt nicht nur, aber vor allem für die Börse: Wer nur wenige Anleihen oder Aktien im Depot hat, setzt sich einem viel zu hohen Risiko aus. Das bedeutet Stress. Ist die Risikostreuung zu gering, kann eine einzige Niete Ihre Rendite gründlich verhageln. Selbst wenn Sie gleichzeitig einen Überflieger im Depot haben, wird der wahrscheinlich nicht die Traumrendite des ganzen Portfolios retten. Deshalb sollten einzelne Titel oder Branchen keinen zu großen Anteil haben. Anders ausgedrückt: Verlieben Sie sich nicht in eine Aktie oder Branche. An der Börse ist nicht Monogamie gefragt, sondern Polygamie. Die Ansichten, wie viele Einzeltitel in ein gut diversifiziertes Depot gehören, gehen auseinander. Mindestens zehn sollten es sein, besser mehr. Aber bitte behalten Sie den Überblick, was ab 20 oder gar 30 Positionen schwierig werden könnte.

Deshalb würde ich für den weiteren Vermögensaufbau immer Fonds – natürlich auch mehrere, damit Sie nicht von den Fähigkeiten eines einzigen Fondsmanagers abhängig sind – und ETFs empfehlen. Ich bin nicht grundsätzlich gegen Einzelaktien, ich habe selbst einige. Die liegen jedoch in einem „Spielgeld-Depot", getrennt von meinem langfristig ausgelegten Depot mit klarer Strategie. Einzelaktien sind etwas für Spezialisten, für Fortgeschrittene, für Liebhaber meinetwegen. Bei unserem langfristigen Vermögensaufbau müssen wir das Risiko breit streuen. Mit Fonds und ETFs setzen Sie auf Dutzende, Hunderte, manchmal sogar Tausende Einzeltitel, überlassen die Auswahl aber anderen, nämlich dem Fondsmanager oder dem Indexanbieter. Wenn in einem der Portfolios einmal eine Niete schlummert, fällt das kaum ins Gewicht. Leider verzichten viele Anleger und Anlegerinnen auf eine breite Streuung ihrer Investments. Wenn Sie nur zehn Aktien im Depot haben, verhageln Ihnen einzelne Nieten die Rendite. Wenn Sie beispielsweise zu stark auf deutsche Automobilkonzerne gesetzt haben, die im jüngsten Dieselskandal mächtig unter Druck kamen und dann unter Konjunkturängsten litten, dann wissen Sie, wovon ich rede.

Bei der Diversifikation geht es nicht nur darum, möglichst viele Aktien aus verschiedenen Branchen oder Regionen im Portfolio zu haben. Wer sein Vermögen nur in eine Anlageklasse wie etwa Aktien investiert, geht ein enormes Risiko ein. Schließlich ist die Entwicklung des Portfolios dann nur von dieser Assetklasse abhängig. Stürzen die Aktienbörsen weltweit ab, rauscht auch der Depotwert in die Tiefe. Wer breiter investiert, also sein Geld auf Aktien, Anleihen und Rohstoffe verteilt, senkt seine Absturzgefahr deutlich. Denn nicht alle Anlageklassen reagieren in gleicher Weise auf äußere Einflüsse. In der Finanzmathematik spricht man von Korrelation. Und die gilt es, möglichst zu vermeiden. Streuen Sie also nicht nur über einzelne Branchen oder Länder, sondern genauso über verschiedene Anlageklassen. Das tun Sie ja auch, wenn Sie neben Börseninvestments bei Ihrem Vermögensaufbau auf betriebliche Altersvorsorge, Riester oder Immobilien setzen.

Das Risiko verschwindet so natürlich nicht ganz, aber äußere Einflüsse – ob nun Börsencrash, Schuldenkrise oder Immobilienflaute – treffen nur einen Teil Ihres Vermögens. Das perfekte Portfolio, die perfekte Lösung für unseren langfristigen Vermögensaufbau gibt es nicht – genauso wenig wie totale Sicherheit (mehr), denn der risikolose Zins ist mit der Nullzinsphase leider abgeschafft. Die wenigsten Privatanleger schätzen Risiken richtig ein, können damit umgehen und haben ein vernünftiges, an ihre Strategie und Ziele angepasstes Risikomanagement. Chancen und Risiken sind – und das nicht nur bei der Geldanlage – untrennbar miteinander verbunden. Auch deshalb ist es so wichtig: Wählen Sie nur Produkte, die Sie verstehen und die zu Ihrer Risikotoleranz passen. Doch das ist nur die „Vorarbeit". Denn Sie brauchen unbedingt eine Strategie.

Einfach nur wild und wahllos zu streuen – Diversifikation hoch zehn quasi – hat natürlich wenig mit einer Strategie zu tun. Nachdem Sie Ihre finanziellen Möglichkeiten, Ihre Ziele und Ihre Risikotoleranz ausgelotet haben, gilt es nun, die passende Strategie für sich zu finden. Ich schreibe bewusst „passende" Strategie, denn die richtige Strategie gibt es nicht. Sie können nicht immer auf der Gewinnerseite stehen. Egal wie Sie Ihr Vermögen anlegen und auf welche Anlageklassen oder Regionen Sie setzen, Sie werden auch Durststrecken erleben. Sie werden Phasen mit Null- oder Minusrenditen erleben, egal welcher Risikotyp Sie sind. Diese Phasen werden länger oder kürzer sein, moderater oder heftiger. Und diese Phasen gilt es, auszuhalten. Damit meine ich nicht, dass Sie die Durststrecke bei den Sparzinsen einfach aussitzen. Bitte nicht! Auch supersichere Anleihen, also Schuldverschreibungen von Unternehmen oder Staaten mit festem Zinscoupon, sind keine Alternative. Sie bringen bei guter Bonität der Schuldner zwar eine gewisse Sicherheit ins Depot, doch die Renditen werden über Jahre hinweg sehr gering bleiben. Auch wenn sie ein bisschen höher sind als die Zinsen auf Tages- oder Festgeldkonto – für unseren langfristigen Vermögensaufbau und für unsere Altersvorsorge sind sie Gift. Irgendwoher müssen die Erträge aber kommen, damit unser Vermögen wächst. Aktien sind eine Alternative, für mich eine der besten überhaupt.

Strategien für den Börsenerfolg

Es gibt viele Möglichkeiten, um an der Börse erfolgreich zu sein. Ich stelle Ihnen auf den folgenden Seiten ein paar bekannte Anlagestile vor, aus denen Sie einige auswählen und kombinieren können. All diese Anlagestile lassen sich über aktiv gemanagte Fonds oder börsengehandelte Indexfonds abdecken, was ich empfehle. Natürlich könnten Sie auch auf Einzeltitel setzen. Allerdings haben Sie dann schnell das Problem der mangelnden Risikostreuung. Oder das andere Extrem: Sie verlieren komplett den Überblick.

Noch einmal zur Erinnerung: ETFs bilden einen Index wie den Weltaktienindex MSCI World oder den Schwellenländerindex MSCI Emerging Markets ab. Sie entwickeln sich wie der Index – nicht besser, aber auch nicht schlechter. ETFs sind extrem günstig und die Kosten sind natürlich mit Blick auf die langfristige Rendite ein wichtiger Faktor. Aktive Fonds berechnen oft die dreifache Managementgebühr. Die Arbeit des Fondsmanagers will honoriert werden. Dafür haben Anleger die Chance auf eine Überrendite, nämlich dann, wenn der Fonds besser abschneidet als der (Vergleichs-)Index. Hat der Fondsmanager kein so glückliches Händchen, wäre der ETF die bessere Wahl. Ob aktiv oder passiv, das muss jeder selbst wissen. Diese Entscheidung kann ich Ihnen nicht abnehmen. Entweder Sie überlassen die Aktienauswahl den Profis oder Sie setzen gleich auf den entsprechenden Index.

Mit Dividenden zum Erfolg

Doch wie könnten Sie anlegen? Eine der bekanntesten und beliebtesten Varianten ist die Dividendenstrategie. Dabei setzen Sie auf Aktien, die ihre Aktionäre mit hohen Ausschüttungen verwöhnen. Das wichtige Anlagekriterium ist die Dividendenrendite: Sie beschreibt das Verhältnis des ausgeschütteten Gewinns zum Aktienkurs. Je höher, desto besser also. Allerdings kann eine hohe Dividendenrendite mitunter in die Irre führen. Nämlich dann, wenn der Kurs gerade abgestürzt ist, es dafür jedoch einen triftigen Grund wie beispielsweise eine Unternehmenskrise gibt. Sinkt der Kurs, steigt die Dividendenrendite natürlich rechnerisch an. Aber es ist nicht ausgeschlossen, dass die Ausschüttung in einer Krise dann schmerzhaft reduziert oder gleich ganz gestrichen wird. Die Dividende darf also nie die einzige Kennzahl sein. Achten Sie bei der Auswahl darauf, dass das Unternehmen bereits in der Vergangenheit regelmäßig hohe Dividenden ausgeschüttet hat. Kontinuität zahlt sich aus. Ein Qualitätsmerkmal ist es auch, wenn die Dividende regelmäßig erhöht wird. Außerdem sollte die Ausschüttung aus dem laufenden Gewinn erfolgen und nicht aus der Substanz.

Mit der Dividendenstrategie lassen sich unabhängig von der Kursentwicklung regelmäßige Erträge aus Aktien erzielen. Verwechseln Sie die Dividende jedoch nicht mit einem Zinscoupon. Sie ist kein Ersatz für ausbleibende Zinszahlungen. Aktien sind keine Anleihen. Aktien schwanken stärker als Anleihen. Es gibt keine Fälligkeit wie bei Rentenpapieren, zu der wir die investierte Summe zu 100 Prozent plus Zinsen zurückbekommen. Trotzdem sind Dividendenzahlungen auf dem Konto natürlich eine feine Sache. Sie sind außerdem ein Risikopuffer. Denn selbst wenn es mit dem Kurs der Aktien zwischenzeitlich abwärtsgeht, bekommen die Aktionäre in der Regel ihr Geld. Es sei denn, das Unternehmen hat ernsthafte Probleme.

Die Dividende ist übrigens ein wichtiges Kriterium für Wertpapiererfolg. Das amerikanische Analysehaus Ned Davis Research hatte in einer bereits 2012 veröffentlichten Studie die Rendite von Aktien aus dem amerikanischen Index S&P 500 zwischen 1972 und 2010 untersucht und dabei festgestellt, dass Unternehmen mit steigenden Dividenden für den Aktionär durchschnittlich 9,4 Prozent Rendite erwirtschafteten. Titel mit stagnierenden Ausschüttungen kamen auf 7,4 Prozent Rendite, während Unternehmen ohne Dividenden magere 1,7 Prozent aufwiesen. Aktien, die ihre Dividenden reduzierten oder strichen, mussten sogar einen jährlichen Verlust von 0,5 Prozent in Kauf nehmen.

Die 30 im Dax gelisteten Unternehmen schütteten in den vergangenen Jahren im Schnitt übrigens gut drei Prozent aus. Für den Deutschen Aktienindex und seine Entwicklung sind Dividenden entscheidend. Der Dax ist ein Performance-Index, das heißt, dass die Dividenden reinvestiert werden. Wie groß dieser Effekt ist, zeigt der Vergleich des Dax mit dem Dax-Kursindex: Der Dax stand Anfang Mai 2019 bei gut 12.200 Punkten, der Kursindex bei etwa 5.600 Punkten – damit summiert sich das zusätzliche Plus durch die Dividenden seit 1988 auf mehr als 50 Prozent. Die Dividende ist also langfristig ein ziemlich guter Renditebringer, vor allem, wenn wir sie reinvestieren, also sofort wieder anlegen. Deshalb sollten wir für den langfristigen Vermögensaufbau Fonds und ETFs mit dem Zusatz „thesaurierend" wählen, denn dann werden die Erträge automatisch reinvestiert. Bei ausschüttenden Fonds oder ETFs landen die Dividenden auf dem Konto. Wir müssen dann selbst entscheiden, was wir mit dem Geld machen.

Dividenden sind ein wichtiger Renditefaktor. Allerdings gibt es immer wieder Phasen, in denen die Aktienkurse von Firmen mit traditionell hohen Ausschüttungsquoten schlechter laufen als der Gesamtmarkt. Die drei Boomjahre bis 2017 waren solch eine Phase. In eher schwachen Börsenzeiten kehrte sich der Effekt stets zugunsten der Aktien mit hohen Dividenden um. 2018 dürfte wieder solch eine Phase begonnen haben. Auf der Suche nach Sicherheit entwickeln Anleger eine Vorliebe für Aktien mit hohen und vor allem verlässlichen Ausschüttungen.

Qualität zahlt sich auch an der Börse aus

Ebenfalls beliebt – weil relativ zuverlässige Rendítebringer selbst in stürmischen Zeiten – sind Qualitätsaktien. Qualität zahlt sich aus, das gilt für Waschmaschinen, Autos oder Schuhe und ebenso für Aktien. Wer qualitativ Hochwertiges kauft, hat meist länger etwas davon – und weniger Ärger als mit Billigprodukten. Die gehen öfter kaputt. Kein Wunder, dass es sich lohnt, in Qualitätsaktien zu investieren. Speziell in Krisenzeiten erweisen sie sich nämlich als wertvolles Element zur Risikostreuung. Sowohl zu Zeiten des Platzens der Internetblase zu Beginn des Jahrtausends als auch während der Finanzkrise 2008/2009 entwickelten sich Qualitätsaktien stabiler als andere Anlageklassen wie beispielsweise Dividendentitel oder Nebenwerte. Ein Qualitätsunternehmen hat eine starke Marktstellung. Ein solches Unternehmen kann weitgehend seine Preise durchsetzen, und das selbst in wirtschaftlich schwierigen Zeiten. Das gilt sowohl für den Einkauf der Güter, die zur Produktion nötig sind, als auch für den Verkauf seiner Ware. Beim Einkauf drückt ein Qualitätsunternehmen den Preis, denn es hat die Macht dazu. Beim Verkauf bestimmt das Unternehmen den Preis und schraubt ihn gern nach oben.

So entsteht das, was Finanzfachleute als Überrendite bezeichnen: Die Firma verdient dauerhaft richtig gutes Geld. Zu einem Qualitätsunternehmen mit langfristigem Börsenerfolg gehört ein starker Name, eine starke Marke. Das mag ein eher weiches Kriterium sein, trotzdem garantiert ein weltweit anerkannter Markenname gute Geschäfte. Allzu sicher dürfen Sie sich als Anleger aber auch mit den stärksten Unternehmen nicht fühlen. Qualität kann nachlassen: die Qualität der Bilanz, der Produkte und am Ende die „Qualität" der Aktien. Grundsätzlich gilt dennoch: Qualitätsaktien sind eine gute Wahl für unser Depot. Da die Analyse einzelner Unternehmen kompliziert und zeitaufwendig ist, sollten Sie auch hier auf Fonds und ETFs setzen.

Nachhaltiges Investieren – Gutes tun mit Rendite

Ein Thema, das vor allem Frauen stark interessiert, ist nachhaltige Geldanlage. Das Angebot steigt. Trotzdem ist das Thema für uns Anlegerinnen nicht ganz so einfach zu greifen. Was ist überhaupt Nachhaltigkeit? In unserem Alltag ist die Nachhaltigkeit längst angekommen. Wir trennen den Müll, kaufen regionale Lebensmittel, sparen Strom und vermeiden Plastikabfall. Bei unserer Geldanlage spielt das Thema bisher noch keine so große Rolle. Doch das Interesse steigt. Vor allem die Millennials, also die ab 1981 Geborenen, sind offen für nachhaltige Investments – und Frauen mehr als Männer. Das zeigt eine repräsentative YouGov-Studie im Auftrag der Fondsgesellschaft Deka.

Nachhaltigkeit ist für viele Fondsgesellschaften bereits eine Selbstverständlichkeit. Sie schließen beispielsweise Unternehmen mit Kinderarbeit oder Produzenten von Streuwaffen generell aus. Und sie bieten spezielle Produkte zum Thema Nachhaltigkeit an. Diese erkennen Sie in der Regel an dem Kürzel ESG. Die drei Buchstaben stehen für „Environment, Social, Governance" und zeichnen Unternehmen aus, die besonders nachhaltig, sozial- und umweltbewusst agieren. Die Fonds und ETFs legen individuelle ESG-Filter an. Einheitliche Standards gibt es nicht. Das könnte auch der Grund sein, warum trotz des hohen Interesses und des steigenden Angebots nur sechs Prozent aller Anleger nachhaltige Geldanlagen besitzen. Es gibt zwar mehrere Gütesiegel – unter anderem vom Forum Nachhaltige Geldanlagen (FNG) –, die uns die Orientierung erleichtern sollen, Standards gibt es aber auch hier

nicht. Die EU-Kommission will das nun ändern und arbeitet an ver-
bindlichen Kriterien für nachhaltige Investments. Doch bis diese EU-weit
umgesetzt sind, wird es noch etwas dauern. Bis dahin hilft nur eines:
Recherchieren, Fondsprospekte lesen und die Seiten von speziellen Ra-
tingagenturen wie beispielsweise ISS-oekom durchstöbern.

Je nach Fonds oder ETF liegt der Schwerpunkt mal eher auf dem
Umweltschutz, dann wieder stärker auf sozialen Kriterien oder der Un-
ternehmensführung. Das macht es schwierig, einzelne Produkte zu
vergleichen und das für sie Richtige zu finden. Viele Fondsgesellschaften
bieten Produkte an, bei denen der ESG-Filter sehr viel komplizierter ist.
So einfach ist das mit den Ausschlusskriterien nämlich gar nicht. Beispiel
Waffenproduktion: Natürlich ist es leicht möglich, sämtliche Waffenpro-
duzenten aus dem Portfolio zu werfen. Doch was ist mit den großen
Unternehmen, die Bausteine an die Hersteller liefern? Wie weit geht der
Ausschluss? Schwierig.

Deshalb verfolgen viele Fondsgesellschaften einen anderen Ansatz.
Anstatt komplette Industrien auszuschließen, werden stattdessen die
schlechtesten Unternehmen mit Blick auf den Umweltschutz oder andere Kriterien ausgeschlossen oder – andersherum – es wird nur in die
besten investiert oder in Unternehmen, denen die Fondsmanager große
Fortschritte bei der Einhaltung von ESG-Kriterien zutrauen. Das ist
natürlich ein etwas komplizierteres Vorgehen und für uns daher ziemlich
erklärungsbedürftig. Nachhaltigkeit ist und bleibt eine Frage der individuellen Definition. Übrigens zeigt auch die YouGov-Studie, dass die
Befragten den Begriff sehr unterschiedlich definieren. Den Älteren ist
zukunftsorientiertes Handeln und Verzicht auf Kinderarbeit besonders
wichtig. Die ab 1981 Geborenen verknüpfen damit weniger den Begriff
des fairen Handels, dafür bringen sie überproportional häufig Konsum-
verzicht und nachhaltige Unternehmensführung ins Spiel.

Je stärker das Thema im Bewusstsein von Investoren ist und je höher
ihre Nachfrage nach entsprechenden Produkten, desto größer ist übrigens auch der Druck auf die Unternehmen, nachhaltig zu wirtschaften.

Nicht umsonst spricht man von verantwortungsbewusstem Investieren. Denn wir Anleger übernehmen Verantwortung, wenn auch in übertragenem Sinne. Wenn Sie also bei Ihrer Geldanlage auf Nachhaltigkeitskriterien achten, tun Sie Gutes. Moment! Gutes zu tun – das passt auf den ersten Blick nicht zum Kapitalismus an den Finanzmärkten. Auf den zweiten Blick aber korrelieren Nachhaltigkeit und Rendite sogar miteinander. Eine Megastudie des *Journal of Sustainable Finance & Investment* hat gezeigt, dass etwa 50 Prozent aller Studien einen positiven Zusammenhang zwischen Nachhaltigkeit und Rendite belegen, etwa 40 Prozent sehen einen neutralen und lediglich zehn Prozent einen negativen Zusammenhang. ESG-Fonds zum Beispiel schneiden nicht schlechter ab als Fonds ohne diesen Filter. Spezielle ESG-Indizes lassen herkömmliche Indizes sogar hinter sich. Die Nachhaltigkeitsbarometer des Indexanbieters MSCI beispielsweise bringen auf Sicht von acht bis zehn Jahren mindestens die Marktrendite, manchmal sogar mehr. Gutes zu tun und damit auch noch Geld zu verdienen passt eben immer besser zusammen. Nachhaltige Geldanlage fördert Unternehmen mit Umwelt- und Sozialbewusstsein sowie einer verantwortungsvollen Unternehmensführung. Das ist gut für die Gesellschaft und für das eigene Finanzpolster.

Klein, aber fein: Nebenwerte

Ein langfristig wirklich guter Renditebringer fürs Depot, aber eine kurzfristig doch recht schwankungsreiche Anlageklasse sind Nebenwerte, also die Aktien von mittelgroßen und kleinen börsennotierten Unternehmen. Zu finden sind sie in Deutschland im MDax und im SDax. Die Devise lautet: klein, aber fein. So lassen sich die Börsenzwerge beschreiben. Langfristig schneiden Nebenwerte besser ab als die großen Standardwerte, sie sind allerdings (kurzfristig) auch riskanter. Wie immer an den Kapitalmärkten kassieren Sie also eine Prämie dafür, dass Sie ein bisschen mutiger sind. Auf Börsenzwerge zu setzen ist vor allem deshalb gefährlicher, weil die Unternehmen in

Krisenzeiten anfälliger sind. Kleine Unternehmen kommen außerdem schwerer an Kapital heran als Großkonzerne und müssen Investoren deshalb mehr bieten – und zwar mehr Rendite. Das gilt natürlich vor allem für ihre Anleihen samt Zinscoupons. Die häufig zu beobachtende Renditekraft kleinerer Unternehmen an der Börse hat natürlich weitere Ursachen. Die wichtigste: Sie sind regelrechte Wachstumsmotoren.

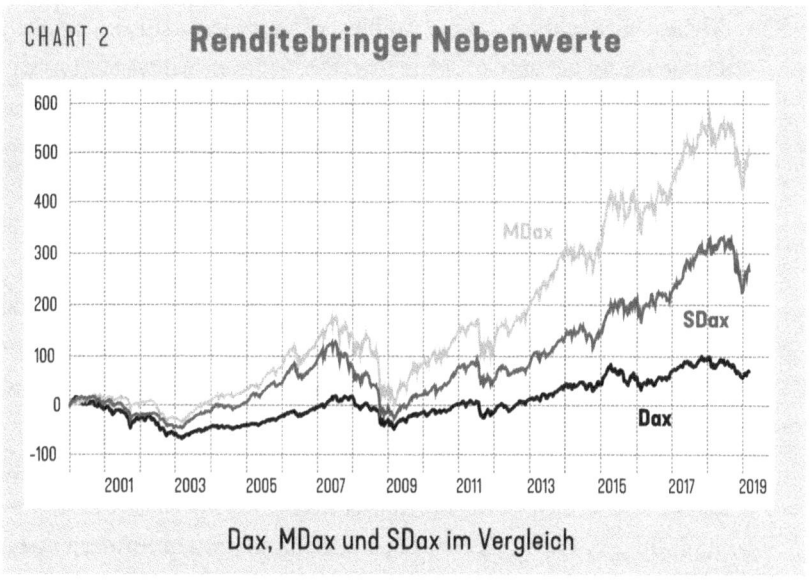

CHART 2 **Renditebringer Nebenwerte**

Dax, MDax und SDax im Vergleich

Quelle: Börsenbuchverlag

Kleine Unternehmen sind extrem wendig. Auch deshalb weisen sie im Vergleich zu multinationalen Konzernen, also den Schwergewichten am Aktienmarkt, eine viel bessere Ertragsdynamik auf. Sie sind häufig noch in der Wachstumsphase des Unternehmenszyklus. Das bedeutet, dass sie viel innovativer und effizienter sein müssen, wenn sie sich im Wettbewerb behaupten und künftig erfolgreich sein wollen. Sie können außerdem schneller und flexibler auf neue Situationen reagieren als bürokratische und schwerfällige Großkonzerne.

Das führt letztlich dazu, dass sie im Gegensatz zu großen Unternehmen schneller wachsen. Denn ihnen stehen gerade am Anfang viele Märkte offen, in die sie expandieren können – ganz im Gegensatz zu Dax-Konzernen, die oft nur durch Zukäufe wachsen können, wenn sie ihre Produkte bereits in der gesamten Welt anbieten und der Markt gesättigt ist. Das ist der ganz normale Verlauf, Unternehmenszyklus genannt. Bei jungen Unternehmen steigt die Wachstumskurve zuerst stark an, flacht dann aber ab, wenn die Firma eine gewisse Größe erreicht hat.

Kleine Unternehmen – oft in ländlicher Umgebung – sind nicht selten viel bodenständiger als Großkonzerne. Der deutsche Mittelstand ist das Herzstück und Rückgrat unserer Wirtschaft. Wir haben viele äußerst erfolgreiche mittelständische Unternehmen. Oft sind die Firmen auf ein Produkt oder eine Dienstleistung spezialisiert, glänzen mit Innovationen und sind in ihrem Segment sogar (Welt-)Marktführer. Man nennt sie „Hidden Champions", versteckte Meister ihrer Klasse also, die im Verborgenen wachsen – Unternehmen, die wenig spektakulär sind. Gerade wenig beachtete, vernachlässigte Werte sind an der Börse oft unterbewertet und daher für Anleger attraktiv und preiswert. Damit verbunden sind entsprechend hohe Margen, denn die Kleinen bedienen oft Nischenmärkte. Und aufgrund ihrer Spezialisierung sind die Geschäftsfelder und die Unternehmensentwicklung für Anleger leichter nachvollziehbar. Außerdem profitieren kleine Firmen gegenüber ihren großen Brüdern überdurchschnittlich stark in wirtschaftlichen Boomzeiten.

Viele dieser Unternehmen werden von ihren Eigentümern geführt. Und die denken nicht nur von Quartalszahlen zu Quartalszahlen wie viele angestellte Vorstände von Großkonzernen, die nur vier- oder fünfjährige Arbeitsverträge haben und nur wenige Anteile am Unternehmen halten. Mittelständler denken in erster Linie an den Fortbestand ihrer Firma, haben echten Unternehmergeist und tätigen deshalb auch Investitionen, die sich erst in zehn oder mehr Jahren rechnen. Sie haben ein engeres Verhältnis zu ihren Mitarbeitern, stehen nicht so sehr unter dem Druck der Gewerkschaften. All das zahlt sich langfristig aus, auch an der Börse.

Aber natürlich sind die kleineren Unternehmen mit weniger Geschäftsfeldern auch ein bisschen anfälliger, wenn es einmal nicht mehr so läuft
mit der Weltwirtschaft oder wenn ein großer Kunde in Not gerät. Deshalb
ist bei dieser Anlageklasse Risikostreuung ebenfalls oberstes Gebot – via
Fonds oder ETF.

Value – Investieren wie Warren Buffett

Sie können auch auf Substanzwerte setzen wie der große Warren Buffett,
der wahrscheinlich bekannteste und erfolgreichste Investor unserer Zeit.
Value-Investing nennt sich dieser Stil. Value, das ist langfristig einer der
erfolgreichsten Anlagestile überhaupt. Und Warren Buffett ist so eine
Art Guru aller Value-Investoren. Das grundlegende Prinzip ist immer
das gleiche: Günstig, also unter Wert, kaufen und teuer verkaufen. Nämlich dann, wenn die Börse den fairen Wert eines Unternehmens erkannt
hat. Klingt total einfach, logisch und genial, oder? Aber wollen das nicht
alle Anleger? Wenn es nur so einfach wäre! Buffett und seinen Anhängern gelingt das ziemlich gut, denn sie verfolgen ihre Strategie sehr
konsequent.

Und so funktioniert Value: Investoren suchen Unternehmen mit einem stabilen Geschäftsmodell, verlässlichen Gewinnen, hohen Ausschüttungen und einem Aktienkurs, der im Verhältnis dazu günstig ist.
Im Gegenzug verzichten sie auf Wachstumsfantasie und gedulden sich,
bis andere Anleger den Wert dieser Firma ebenfalls erkennen, was in
der Konsequenz zu einem steigenden Aktienpreis führt. Das kann mitunter einige Zeit dauern. Buffett hält Aktien oft jahrzehntelang. Ein
klassischer Value-Anleger sucht in erster Linie nach günstigen Bewertungen. Es kommt beispielsweise häufig vor, dass Branchen für eine
gewisse Zeit in Ungnade fallen, so wie es nach der Finanzkrise bei der
Bankenbranche der Fall war, sodass viele Banken unter Buchwert gehandelt wurden. Buffett hat damals beherzt zugegriffen. Langfristig
setzen sich Firmen durch, die an der Börse völlig unterbewertet sind, so
die Überzeugung der Value-Jünger. Oder um es mit Warren Buffett zu

sagen: „Kaufe einen Dollar, aber bezahle nicht mehr als 50 Cent dafür."
Mit dieser Strategie wurde er zu einem der reichsten Männer der Welt.
Das psychologische Problem bei dieser Strategie: Sie kaufen ständig, was
gerade nicht gefragt ist, legen also antizyklisch an. Die Herde rennt im
Zweifelsfall in die andere Richtung. Das müssen Sie aushalten können.
Psychologisch gesehen ist das nicht gerade einfach.

Der Gegenentwurf zu dieser Strategie ist das Growth-Investing. Solche Anleger setzen vor allem auf Wachstumswerte. Ihre Auswahlkrite-
rien sind Gewinneinschätzungen von Experten oder der Gewinn je
Aktie. Nur Titel, denen künftig hohe Gewinne und ein stark steigender
Gewinn je Aktie zugetraut werden, landen im Depot der Growth-Inves-
toren. Wie teuer die Aktie gerade ist, ist sekundär. Es geht um Wachstum,
um Zukunftsfantasien.

Aufstrebende Schwellenländer

Ein wichtiger Baustein in vielen Depots sind Schwellenländer-Aktien,
auch wenn sie mitunter heftig schwanken. Langfristig lohnt sich dieses
Engagement jedoch. Sie brauchen allerdings starke Nerven. Die aufstrebenden Schwellenländer – auch Emerging Markets genannt – werden in der Weltwirtschaft und auch in der Börsenwelt immer wichtiger.
Während die Industrieländer immer mehr schwächeln, holen die
Schwellenländer immer weiter auf. Das sollten Sie auch bei Ihrer Geldanlage berücksichtigen. Die Globalisierung ist nicht aufzuhalten. Davon profitieren die aufstrebenden Schwellenländer. Sie haben sich
weitgehend vom Sozialismus verabschiedet und sind heute funktio-
nierende Marktwirtschaften. Wettbewerb, Leistung, freies Unterneh-
mertum und Profitstreben bestimmen das ökonomische Handeln. Die
wirtschaftliche Macht verschiebt sich. Das ist natürlich ein langsamer
und schleichender Prozess, aber er ist nicht mehr umzukehren. Diese
langfristige Perspektive müssen wir auf unsere Anlagestrategie übertragen. Wir wollen schließlich auf Wachstum setzen. Deshalb führt
gerade für Investoren mit langfristigem Anlagehorizont kein Weg an

den Schwellenmärkten vorbei. Unabhängig von zwischenzeitlichen, teils recht schmerzhaften Kursrücksetzern spricht nach wie vor viel für Investments in Emerging Markets. Gerade in schwankungsreichen Märkten wie den aufstrebenden Schwellenländern ist Risikostreuung oberste Pflicht.

Es gibt natürlich unzählige weitere Strategien an der Börse. Ich könnte noch Dutzende beschreiben, doch das würde den Rahmen dieses Buches sprengen. Wenn Ihnen solche Strategien zu kompliziert sind, können Sie ganz einfach auf die großen Aktienindizes dieser Welt setzen und Ihr Vermögen entsprechend Ihrer Risikotoleranz auf unterschiedliche Märkte verteilen. Denkbar wäre, Ihren Aktienanteil zu gleichen Teilen auf Industrieländer-Aktien und Schwellenländer-Titel, also auf MSCI World und MSCI Emerging Markets, zu verteilen. Oder Sie wählen einen entsprechenden aktiv gemanagten Fonds. Dann hätten Sie die ganze Welt im Depot. Ich selbst habe mit meinem schon erwähnten Buch „Einfach erfolgreich anlegen" eine Anlagestrategie geliefert, die viele dieser Anlagestile kombiniert – inklusive Staats- und Unternehmensanleihen.

Keine Strategie ist immer erfolgreich

Alle Methoden haben ihre Berechtigung, ihre Anhänger und natürlich auch ihre Gurus. Je nach Börsenphase funktionieren die Strategien mal besser und mal schlechter. Genau da liegt die Gefahr. Geht die gewählte Strategie in bestimmten Monaten oder sogar Jahren nicht auf, wachsen unsere Zweifel. War das wirklich eine kluge Entscheidung? Wäre eine andere Strategie doch die bessere gewesen? Die Zweifel wachsen, wir werden nervös. Begehen Sie in solchen Phasen nicht den Fehler, Ihre Strategie über Bord zu werfen. Es ist wenig sinnvoll, einen grundsätzlich erfolgreichen Ansatz in Marktphasen, in denen es nicht so gut läuft, aufzugeben und die Methodik zu ändern. Das kostet Geld und wahrscheinlich springen Sie sowieso zu spät auf den anderen, den aktuellen Trend auf. Die neue Strategie werden Sie mit großer Sicherheit auch wieder anzweifeln, wenn eine andere noch besser läuft und in Mode ist. Für welche Strategie auch immer Sie sich entscheiden: Bleiben Sie ihr treu! Es gibt keine bewährte Strategie, die stets und in jeder Marktphase aufgeht. Es geht um den langfristigen Erfolg. Deshalb mein Rat: Ruhe bewahren!

Nicht umsonst heißt eine alte Börsenweisheit: „Hin und her macht Taschen leer". Sie warnt vor häufigen Käufen und Verkäufen und den damit verbundenen Kosten sowie vor dem Versuch, den besten Ein- und Ausstiegszeitpunkt zu erwischen. Auch die Profis scheitern regelmäßig am sogenannten „Timing". Außerdem warnt die Börsenweisheit davor, ständig die eigene Strategie infrage zu stellen und zu wechseln. Dies führt selten zum Erfolg. Aber: Keine Depotzusammenstellung ist für die Ewigkeit, auch wenn Ihre Strategie noch so schlüssig ist. Das gilt natürlich für Ihre gesamte Finanzplanung, besonders jedoch für Ihre Börsenengagements. Überprüfen Sie Ihr Portfolio deshalb regelmäßig, aber bitte nicht zu oft. Wer täglich auf die Kurse schaut, vergisst nämlich schnell seine Ziele. Je nach Anlageklassen kann und darf das Depot zwischenzeitlich schwanken. Das können Sie aushalten, vor allem, wenn Sie langfristig investieren.

Trotzdem sollten Sie ab und zu nachjustieren. Wenn Sie sich beispielsweise für eine Depotmischung von 50 Prozent Aktien und 50 Prozent Anleihen entschieden haben, sollten Sie regelmäßig neu ausbalancieren. Ansonsten geben Sie Ihre Strategie unweigerlich auf. Steigen die Aktienmärkte nämlich über Monate stark, wächst durch die Kursgewinne der Aktienanteil in Ihrem Depot. Plötzlich sind Sie zu 60 Prozent in Aktien investiert und nur noch zu 40 Prozent in Anleihen. Diese Gewichtung entspricht nicht mehr Ihrer Strategie und wahrscheinlich auch nicht Ihrer Risikotoleranz. Justieren Sie also nach. Sie müssen die Anpassung – auch Rebalancing genannt – nicht monatlich vornehmen. Einmal im Jahr oder vielleicht sogar nur alle 18 Monate reicht völlig aus.

Vorsicht: Psychologische Fallstricke

Die schönste, beste, erfolgreichste Strategie hat leider einen Haken: unsere Psyche. Wir meinen zwar, dass wir beim Thema Finanzen extrem rational und sehr durchdacht handeln. Doch das Gegenteil ist der Fall. Wir sind nämlich leider keine Roboter. Wir sind hochemotional – auch und vor allem, wenn es um unser Geld geht. Selbst wenn wir diszipliniert handeln und unsere Strategie umsetzen: Wir machen Fehler, entscheiden uns für die falschen Fonds, ETFs oder Aktien, gewichten einzelne Länder, Branchen oder Einzelaktien über. Manchmal verlieren wir in Krisenzeiten eben doch die Nerven, obwohl wir eigentlich langfristig anlegen und schlechte Börsenphasen locker aussitzen könnten. Wir werden Fehler nicht verhindern können.

Mein Tipp: Verlieren Sie nie das große Ganze aus den Augen. Bewahren Sie die Nerven. Denken Sie mehrmals darüber nach, bevor Sie im Crash die Verkaufsorder aufgeben. Aber auch in ruhigeren Zeiten sollten Sie nicht über emotionale Fallstricke stolpern und Ihre Strategie konsequent umsetzen. Für sich betrachtet mag Ihr jüngster Kauf eine gute Wahl gewesen sein. Aber stimmt Ihr Depot auch mit Ihrer Risikoneigung überein? Schlummert in Ihrem Portfolio vielleicht ein Klumpenrisiko, weil Sie auf zu viele Autowerte oder Luxusaktien gesetzt haben? Rückschläge bleiben an der Börse nicht aus. Hat sich eine Position als Rohrkrepierer oder Verlierer entpuppt? Analysieren Sie das Papier. Egal ob Einzelaktie, Anleihe, Fonds oder ETF: Welche Chancen hat das Papier noch? Passt es in Ihre Strategie? Es wird wehtun, wenn Sie sich eine Fehlentscheidung eingestehen und sich von einer Position mit Verlust trennen müssen. Wir empfinden nämlich Verluste mehr als doppelt so intensiv wie Gewinne. Der Schmerz über 100 Euro Miese ist also viel größer als die Freude über 100 Euro Plus.

Deshalb neigen wir übrigens auch dazu, Gewinne schnell mitzunehmen, Verluste aber laufen zu lassen und irgendwann zu verdrängen, zu ignorieren. Andersherum wäre es cleverer: Gewinne laufen lassen, Verluste begrenzen. Mitunter ist es einfach sinnvoll, die Reißleine zu ziehen.

Sie werden sich an den schmerzlichen Verlust schnell gewöhnen – und bald darauf haben Sie ihn vergessen. Diszipliniertes Anlegen fällt uns oft schwer: Es läuft unserem kurzfristigen Wohlbefinden häufig zuwider – dann beispielsweise, wenn wir uns konsequent eine Fehlentscheidung eingestehen und entsprechend handeln müssen. Deshalb sollten Sie langfristig denken. Machen Sie sich immer wieder bewusst, dass Sie sich durch Ihr diszipliniertes Handeln langfristig mehr Wohlbefinden ermöglichen wollen – ob nun durch größeren Wohlstand, vielleicht sogar Reichtum, oder eine Weltreise. Kurzfristig werden Sie das eine oder andere unangenehme Gefühl durchleben müssen, denn es wird Rückschläge geben. Aber es geht um Ihr langfristiges Ziel. Strategie geht über Timing und schützt Sie davor, die Selbstkontrolle zu verlieren.

Auch bei einer Glückssträhne sollten wir nie vergessen, das Risiko vor jeder Anlageentscheidung erneut bewusst abzuschätzen. Ein einfacher Tipp: Führen Sie ein Anlagetagebuch. Schreiben Sie auf, warum Sie etwas gekauft haben und welche Erwartungen Sie an dieses Investment haben. Das diszipliniert. Und es hält uns davon ab, dieselben Fehler immer wieder zu machen oder übermütig zu werden. Gier ist an der Börse nie ein guter Ratgeber. Leider neigen wir dazu, richtige Entscheidungen uns selbst zuzuschreiben, falsche Entscheidungen hingegen lieber anderen. Menschliche Eitelkeit eben – wir belügen uns nur zu gern selbst.

Vorsicht: Kosten als Renditekiller

Wir sollten zudem niemals die Kosten aus den Augen verlieren. Sie können unsere Rendite beträchtlich reduzieren, ja sogar auffressen. Das dürfen wir nie vergessen, egal ob es um Versicherungsverträge oder Investitionen am Kapitalmarkt geht. Privatanleger tappen leider immer wieder in die Gebührenfalle – mit Direktinvestments in Aktien oder Anleihen ebenso wie durch ihre Fondskäufe. Je nach Broker und Handelssumme oder Anlageprodukt können die Gebühren beachtlich sein, gerade bei kleinen Aufträgen. Oft gibt es eine Mindestgebühr und die schlägt bei Mini-Orders natürlich kräftig durch. Und das ist noch nicht alles: Beim Kauf mancher Fonds fallen Ausgabeaufschläge in Höhe von bis zu fünf Prozent an – fünf Prozent, die ein Fonds erst einmal wieder einfahren muss. Wer also öfter seine Fonds wechselt, sollte genau nachrechnen, ob sich der Wechsel zu dem vermeintlich besseren Produkt wirklich rechnet: Fonds-Hopping frisst in der Regel die Rendite. Und zu den oft hohen Ausgabeaufschlägen kommen die Ordergebühren hinzu.

Diese Gebühren zahlen Anlegerinnen auch beim Kauf oder Verkauf von Aktien, Anleihen und ETFs. Rund ein Prozent der Anlagesumme (oder eben die bereits erwähnte Mindestgebühr bei kleinen Orders) berappen Kunden bei Filialbanken. Direktbanken sind oft günstiger. Diese Kosten setzen sich bei gewöhnlichen Börsenaufträgen aus den Börsengebühren sowie den Transaktionskosten des Brokers zusammen und variieren von Broker zu Broker und von Börse zu Börse. Natürlich zahlen kostenbewusste Anleger längst nicht mehr so viel wie vor zehn oder 20 Jahren. Dank Onlinebanken sind die Gebühren deutlich geschrumpft. Trotzdem sind sie ein Faktor, den Sie bei Ihrer Geldanlage nicht außer Acht lassen sollten. Das Beispiel der Fonds mit Ausgabeaufschlag ist sicher am deutlichsten. Zwar gibt es bei Fondsvermittlern und Direktbanken oft 50 Prozent und mehr Rabatt auf den Ausgabeaufschlag und auch die Handelsgebühren sind gesunken. Trotzdem kostet ein Investment erst einmal immer Geld.

Ein wichtiger Aspekt sind außerdem die laufenden Kosten – Experten sprechen von der Gesamtkostenquote (Total Expense Ratio, kurz: TER). Das Analysehaus Morningstar hat ausgerechnet, dass diese Quote für Aktienfonds pro Jahr zwischen ein und zwei Prozent liegt. Diese Gebühren muss das Fondsmanagement erst einmal hereinholen, bevor Sie als Anlegerin einen Gewinn machen. Indexfonds sind deutlich billiger. ETFs auf europäische Aktien gibt es laut Morningstar im Schnitt für 0,37 Prozent, Produkte auf breite und populäre Messlatten wie den europäischen Standardwerteindex Euro Stoxx 50 sind mit 0,15 Prozent noch billiger. Den Dax gibt es sogar noch günstiger – dem Preiskampf unter den Anbietern sei Dank. Im Gegensatz zu aktiv gemanagten Fonds bieten ETFs allerdings keine Chance auf eine Überrendite zum Markt. Ob aktiv oder passiv, wie auch immer Sie sich entscheiden: Achten Sie auf die Kosten.

Aber halten Sie nicht an einem schwachen Fonds fest, nur weil der Ausgabeaufschlag so hoch war. Dazu neigen wir nämlich. Sunk-Cost-Effekt nennen Börsenpsychologen das. Entstandene und unwiederbringliche, also „versunkene" Kosten hemmen unsere Bereitschaft, uns von einem Projekt zu trennen. Wir wollen die Verluste nicht realisieren. Wir hoffen auf Besserung, auf wieder steigende Kurse, darauf, dass der Verlust verschwindet, das Investment vielleicht doch noch ein Erfolg wird. Dieses Phänomen erleben wir auch in anderen Lebensbereichen. Wer verkauft schon gern sein Auto, wenn er gerade erst zwei teure Reparaturen und einen Satz neue Reifen bezahlen musste? Um solche Psychofallen zu umschiffen, stellen Sie sich die Frage, ob Sie eine Aktie oder einen Fonds beziehungsweise ETF heute noch einmal kaufen würden. Wenn Ihre Antwort „Nein" lautet, ist es vielleicht ein guter Zeitpunkt, die Reißleine zu ziehen. Legen Sie das frei werdende Kapital in aussichtsreichere Investments an. Versunkene Kosten sollten Sie bei dieser Entscheidung nicht beeinflussen, Ihre langfristige Strategie aber schon.

Ich bin eine überzeugte, sogar leidenschaftliche Aktionärin. Mir kann die Aktienquote gar nicht hoch genug sein. Ich kann es aber nur immer wieder gebetsmühlenartig wiederholen: Investieren Sie nur Geld in Aktien, das Sie mittel- oder besser noch langfristig anlegen wollen. Geld, das Sie in sechs Monaten oder einem Jahr auf jeden Fall brauchen werden, gehört nicht an die Börse. Das Wichtigste ist es, zu sparen und zu investieren. So viel und so früh wie möglich, lautet die Erfolgsformel.

WENN ES RICHTIG LÄUFT

An den Tag, als ich befördert wurde und meine erste Führungsposition angetreten habe – mit Personalverantwortung natürlich –, kann ich mich noch gut erinnern. Ich war in meinen 30ern, hochmotiviert, hochqualifiziert und einfach nur glücklich und zufrieden. Die Beförderung war mit einem ordentlichen Gehaltsplus verbunden, wie das eben so ist. Ich hatte auch vorher schon nicht schlecht verdient für eine Journalistin, alle paar Jahre war es mit meinem Gehalt ein Stück nach oben gegangen. Nun also der große Schritt. Auf meinem Konto soll Monat für Monat genauso viel gelandet sein wie auf dem meiner männlichen Kollegen in gleicher Position. Ich glaube, dass diese Aussage meines damaligen Chefs auch stimmte.

Gleiches Gehalt in gleicher Position? Das ist leider in den wenigsten Fällen so, wie viele Studien immer wieder zeigen. Meistens verdienen die Männer mehr. Auch machen immer noch die wenigsten Frauen Karriere. Ganz oben findet man uns selten. Okay, ganz oben war ich auch nicht. Aber immerhin hatte ich es zur Ressortleiterin geschafft, später war ich dann Chefkorrespondentin – und ich war stolz. Höher wollte ich auch gar nicht. „Ganz oben", das bedeutet jede Menge Verantwortung, Stress und Verzicht, aber auch jede Menge Ruhm, Ehre und vor allem Geld. Doch in diese Sphären schaffen es die wenigsten Frauen. Leider. Aber langsam ändert sich das. Es steigen immer mehr Frauen ins Top-Management auf. Das zeigt auch das „Mixed Leadership-Barometer" des Beratungsunternehmens EY. Trotzdem ist der Status quo noch wenig schmeichelhaft für die deutsche Wirtschaft: 61 Frauen, 650 Männer – weibliche

Vorstände sind nach wie vor eine Seltenheit in börsennotierten Unternehmen. Immerhin waren es zum Stichtag 1. Januar 2019 elf Frauen mehr als noch ein Jahr zuvor. Allerdings werden nur vier börsennotierte Unternehmen von einer Frau als CEO geführt. Alle vier Ausnahmen sind im SDax notiert: DIC Asset, Hamburger Hafen und Logistik, Medigene und Grenke Leasing. Nur acht Unternehmen in der Bundesrepublik haben mehr als ein weibliches Vorstandsmitglied.

Auch eine andere Zahl macht deutlich, dass es noch ein weiter Weg zur Gleichstellung von Mann und Frau in den Führungsetagen ist. Laut EY stieg im vergangenen Jahr die Zahl der männlichen Vorstände um zwölf auf 650. In absoluten Zahlen wuchs die Zahl der männlichen also stärker als die Zahl der weiblichen Vorstände. Die Vorstandsetage der meisten Unternehmen aus Dax, MDax und SDax ist nach wie vor eine reine Männerdomäne: 67 Prozent der Chefetagen sind ausschließlich mit Managern besetzt. Frauen sind in deutschen Vorständen eine Seltenheit. Es gibt zwar Fortschritte, aber der Wandel vollzieht sich sehr langsam.

Es muss ja nicht gleich der Vorstandssessel sein. Auf den schaffen es schließlich auch nur die wenigsten Männer. Es wäre nur schön, wenn es zumindest genauso viele Frauen wie Männer wären. Wenn Sie Karriere machen, achten Sie darauf, dass Sie nicht weniger als Ihre männlichen Kollegen verdienen. Nutzen Sie die Möglichkeiten, die Ihnen das bereits erwähnte Lohntransparenzgesetz bietet. Es sollte helfen, den Gender Pay Gap zu schließen. Der ist übrigens in großen Unternehmen am größten. Während wir in Firmen mit weniger als 50 Angestellten im Schnitt 17 Prozent weniger verdienen als unsere männlichen Kollegen, sind es in Unternehmen mit mehr als 250 Mitarbeitern stolze 25 Prozent. Je größer die Firma, desto schlechter unsere Bezahlung. Unterschiede gibt es auch je nach Branche: In der Finanzbranche, der Unterhaltungsindustrie und bei technischen Dienstleistungen liegt der Gender Pay Gap bei etwa 30 Prozent, im Öffentlichen Dienst bei acht und in der Bildung bei 13 Prozent.

GRAFIK 7 — **Je größer die Firma, desto schlechter die Bezahlung**

Gender Pay Gap nach Betriebsgröße*

Große Unternehmen haben auch die größten Gender Pay Gaps

17 % | 21 % | 23 % | 25 % | 26 % | 25 %
<50 | 50-99 | 100-249 | 250-499 | 500-999 | ≥1.000

*Per Destatis „Unbereinigter Gender Pay Gap nach unternehmensbezogenen Kriterien", basierend auf Verdienststrukturerhebung 2014, Betriebsgröße nach Anzahl der Mitarbeiter

Gender Pay Gap nach Sektoren**

Techn. Dienstl.	Unterhaltung	Finanzen	Verarb. Gewerbe	IT	Gesundheit	Bildung	Öffentl. Verwaltung
31 %	30 %	29 %	27 %	26 %	23 %	13 %	8 %

**Gemäß harmonisierter Europäischer Gender Pay Gap Definition, basierend auf Daten von 2014

Quelle: Destatis, Barkow Consulting; Finanz-Heldinnen

Ich habe mich von der „Karriereleiter" verabschiedet und mich selbstständig gemacht. Der Start in diesen neuen Lebensabschnitt lief sehr gut. Tolle Kunden, tolle Aufträge, interessante Herausforderungen und auch der Kontostand stimmt. Angeblich sind wir aber auch als Selbstständige finanziell benachteiligt. Selbst wenn wir unser eigener Chef sind, gibt es den Gender Pay Gap. Natürlich haben wir es selbst in der Hand, wie viel wir arbeiten. Auch könnten wir höhere Honorare für unsere Dienstleistungen fordern. Wie als Angestellte gilt es, gut zu verhandeln. Wahrscheinlich müssen wir lernen, uns viel besser und vor allem teurer zu verkaufen, einfach ein bisschen dicker aufzutragen und dann auch mehr Geld nach Hause zu tragen. Aber das ist ein Thema für ein anderes Buch.

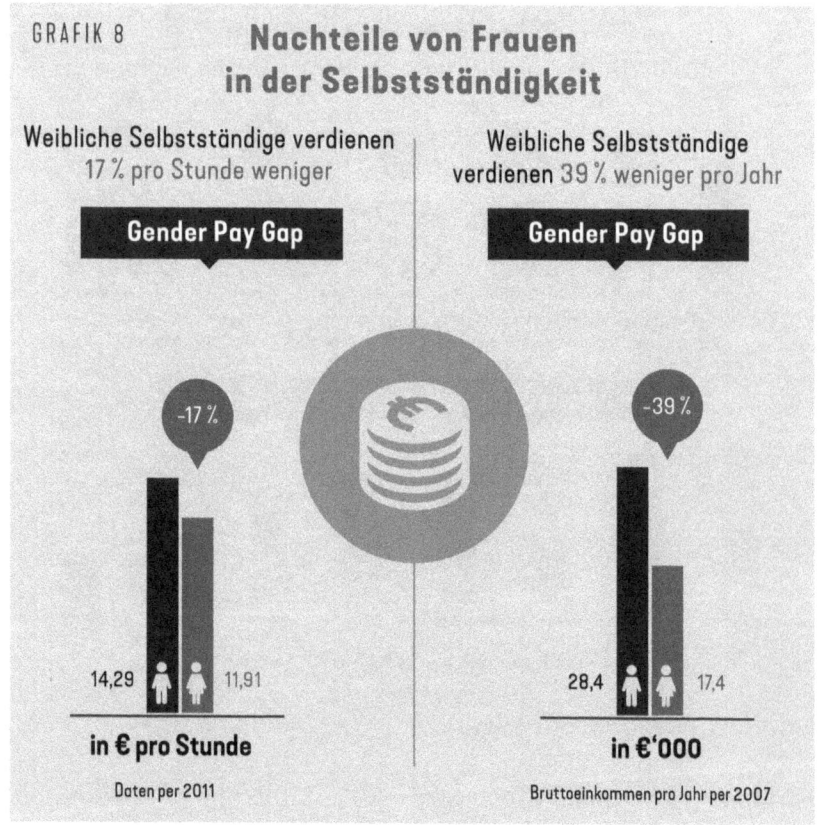

GRAFIK 8

Nachteile von Frauen in der Selbstständigkeit

Weibliche Selbstständige verdienen 17 % pro Stunde weniger

Weibliche Selbstständige verdienen 39 % weniger pro Jahr

Gender Pay Gap

Gender Pay Gap

-17 %

-39 %

14,29   11,91

28,4   17,4

in € pro Stunde

in €'000

Daten per 2011

Bruttoeinkommen pro Jahr per 2007

Quelle: Soziökonomisches Panel v32, DIW, Fraunhofer Institut aus Basis von FAST 2007, zitiert aus dem zweiten Gleichstellungsbericht der Bundesregierung 2017, Barkow Consulting; Finanz-Heldinnen

Wie auch immer, mit den Schritten auf der Karriereleiter und hoffentlich auch mit dem Schritt in die Selbstständigkeit wächst das Einkommen. Und schon müssen wir unsere Finanzstrategie ein weiteres Mal überprüfen. Wir kommen leider nicht darum herum, von Zeit zu Zeit die entsprechenden Ordner aus dem Schrank zu holen und alles zu hinterfragen, uns erneut zu informieren und uns beraten zu lassen. Wir wollen schließlich das Beste für uns herausholen. Vor allem, wenn wir uns selbstständig machen, müssen wir unsere Altersvorsorge auf den Prüfstand stellen. Welche Strategie wählen wir? Welche Zulagen und Förderungen fallen weg, welche können wir jetzt bekommen, welche sind überhaupt noch sinnvoll?

Natürlich kommt es noch immer auf unsere Risikoneigung an, wie viel wir von unserem steigenden Gehalt an der Börse investieren. Vielleicht entscheiden wir uns jetzt auch für die erste eigene Wohnung, selbst genutzt oder als vermietete Geldanlage. Wir können unsere Altersvorsorge weiter ausbauen, beispielsweise durch die Rürup-Rente oder eine private Rentenversicherung. Sie merken es: Ihr finanzieller Spielraum ist größer geworden und damit wachsen die Möglichkeiten, die Sie haben. Verlieren Sie jedoch nicht das große Ganze aus den Augen. Schauen Sie sich noch einmal an, was Sie schon haben, welche Verträge bereits laufen und wie weit Sie mit Ihrem Vermögensaufbau bereits gekommen sind. Sie müssen nicht alles machen, was ich Ihnen in diesem Buch vorstelle. Finden Sie Ihre ganz persönliche Strategie. Nicht jede Frau möchte sich mit lang laufenden Verträgen binden. Manche scheut das Risiko der Börse. Sie sollten aber niemals nur auf einen Baustein für Ihren Vermögensaufbau setzen. Streuen Sie das Risiko und lassen Sie auch Renditebringer wie Aktien nicht völlig außer Acht.

Rürup-Rente: Vorsorgen und Steuern sparen

Auch das Thema Steuern wird mit wachsendem Einkommen und Vermögen wichtiger. Die Zeit der Steuersparmodelle und Steuerschlupflöcher ist vorbei. Viele Gestaltungsmöglichkeiten haben wir nicht mehr. Aber immerhin können wir unsere Vorsorgeaufwendungen steuerlich geltend machen. Und das kann sich wirklich lohnen. Ein mögliches Produkt dazu: die Rürup- oder Basisrente. Sie richtet sich in erster Linie an Selbstständige, die nicht über die Deutsche Rentenversicherung oder

Versorgungswerke abgesichert sind. Wenn Sie selbstständig sind, dreht sich in den ersten Jahren zunächst alles ums Geschäft. Doch spätestens wenn Ihr Unternehmen rundläuft, wenn die Honorare üppig fließen, sollten Sie darüber nachdenken, eine solche Basisabsicherung für die Zeit als Rentnerin abzuschließen. Sie können dafür entweder freiwillig in die gesetzliche Rentenversicherung einzahlen oder in einer klassischen Rürup-Police ansparen. Auch eine Kombination aus freiwilliger gesetzlicher Rentenversicherung und einer fondsgebundenen Rürup-Rente ist eine Möglichkeit. Grundsätzlich kann jeder seine bestehende Basisversorgung mit einem Rürup-Vertrag aufstocken.

Die Rürup-Verträge werden meist in Form einer klassischen oder fondsgebundenen Rentenversicherung angeboten, einige Anbieter haben auch Fondssparpläne im Programm. Ein Rürup-Vertrag ist zwar ein privater Vorsorgevertrag. Er hat allerdings bestimmte Ausstattungsmerkmale, ist entsprechend zertifiziert und daher der ersten Säule der Altersvorsorge, der Basisvorsorge, zugeordnet. Der wichtigste Unterschied zu einer nicht geförderten privaten Rentenversicherung: Das angesparte Kapital können Sie sich bei einer Rürup- oder Basisrente nicht auszahlen lassen. Es soll ausdrücklich der Altersvorsorge dienen und Ihr Langlebigkeitsrisiko mindern; deshalb zahlt Ihnen der Versicherer immer eine lebenslange Rente aus. Unternehmer können sich das Geld auch dann nicht auszahlen lassen oder den Vertrag beleihen, wenn es der Firma schlecht geht.

Insofern funktioniert der Rürup-Vertrag also ähnlich wie die gesetzliche Rente. Dafür werden die Beiträge für Rürup-Verträge auch steuerlich so behandelt wie die einer Rentenversicherung: Beiträge der Basisvorsorge lassen sich bis zu einem bestimmten Höchstbetrag als Vorsorgeaufwendungen von der Steuer absetzen. Für 2019 liegt dieser Höchstbetrag bei 88 Prozent der gezahlten Beiträge von maximal 24.305 Euro jährlich bei Ledigen beziehungsweise 48.610 Euro jährlich bei Verheirateten und eingetragenen Lebenspartnern. Das bedeutet, für 2019 können maximal 21.388 Euro beziehungsweise 42.776 Euro als

Sonderausgaben geltend gemacht werden. Bis zum Jahr 2025 steigt der Sonderausgabenabzug um jährlich zwei Prozentpunkte. Im Jahr 2025 können dann 100 Prozent der gezahlten Beiträge als Sonderausgaben geltend gemacht werden. Diesen Vorteil gibt es nicht bei einer privaten Rentenversicherung, die Sie rein „aus dem Netto" besparen.

Steuern fallen dann erst auf die späteren Rentenzahlungen an – bis 2039 noch anteilig, ab 2040 zu 100 Prozent. Übrigens können Sie auch relativ kleine monatliche Raten vereinbaren und Ihre Rürup-Rente dann mit einer Einmalzahlung aufstocken. Vor allem für Selbstständige ist das eine tolle Variante. Sie binden sich nicht, können in guten Jahren viel einzahlen und in schlechten eben weniger. Diese Variante könnten Sie natürlich auch als Angestellte wählen. Vielleicht bekommen Sie einen Bonus, der relativ stark schwankt? Oder Sie möchten Ihr Weihnachtsgeld in die Altersvorsorge stecken? In manchen Jahren sammelt sich mehr auf dem Konto als in anderen. Dann ist es natürlich gut, flexibel zu sein und keine hohen monatlichen Raten zu vereinbaren, sondern lieber Ende des Jahres entsprechend aufzustocken und damit Steuern zu sparen. Und das lohnt sich: Da Ihr Steuersatz im Alter wahrscheinlich niedriger ausfällt als im Erwerbsleben, dürften Sie wie die meisten Sparer Vorteile aus der nachgelagerten Besteuerung haben. Grundsätzlich gilt: Je mehr Sie verdienen und je mehr Geld Sie in den Vertrag stecken, umso größer fällt die Steuererstattung in der Ansparphase aus und umso eher lohnt sich der Vertrag.

Neben der Auszahlung als Rente und der steuerlichen Förderung in der Sparphase haben Rürup-Verträge noch einige weitere Merkmale: Sie können Ihren Rürup-Vertrag nicht kündigen. Sollten Sie die Beiträge aber einmal nicht mehr zahlen können oder wollen, können Sie ihn beitragsfrei stellen oder die Zahlungen auf einen Mindestbetrag, der oft bei 25 Euro im Monat liegt, reduzieren. Ihr Sparguthaben können Sie in der Regel weder übertragen noch vererben. Ein Vertragswechsel ist nur selten möglich – oft binden Sie sich also Ihr Leben lang an einen Versicherer.

Private Rentenversicherung: Weniger starr, keine Förderung

Eine weitere Möglichkeit ist die private Rentenversicherung. Das Prinzip ist einfach: Sie zahlen über mehrere Jahre Beiträge ein und erhalten im Gegenzug im Alter eine monatliche Rente. Wer sich stattdessen im Alter noch einen große Wunsch erfüllen möchte, kann sich das Kapital alternativ auf einen Schlag auszahlen lassen.

Die Renditen sind wie bei Lebensversicherungen eher spärlich. Der garantierte Zinssatz liegt bei neuen Verträgen gerade einmal bei 0,9 Prozent. Hinzu kommt gegebenenfalls eine Überschussbeteiligung. Diese ist jedoch nicht garantiert, da die Unternehmen den Großteil ihrer Überschüsse durch die Geldanlage auf dem Kapitalmarkt erwirtschaften. Die Überschüsse kommen den Versicherten in der Regel in der Anspar- und in der Rentenphase zugute. Vorher gehen auch noch Verwaltungs- und Abschlusskosten ab, die besonders bei vorzeitiger Kündigung zum Ärgernis werden. Wenn Sie Ihren Vertrag in den ersten Jahren kündigen (und das machen leider viele), bekommen Sie oft nur die Hälfte der eingezahlten Beiträge zurück. Denn die Kosten werden nicht auf die Laufzeit verteilt, sondern in den Anfangsjahren von den Beiträgen einbehalten. Überlegen Sie sich also gut, ob und in welcher Höhe Sie eine private Rentenversicherung abschließen. Sie sollten den Vertrag auch durchhalten, sonst wird es teuer. Und wenn es doch einmal eng wird: Viele Versicherer bieten bei Engpässen wie Arbeitslosigkeit, Elternzeit oder Weiterbildung an, den Vertrag für eine gewisse Zeit beitragsfrei zu stellen oder die Zahlungen zu reduzieren. Fragen Sie also auf jeden Fall nach, bevor Sie die Kündigung aufsetzen.

Die private Rentenpolice gilt als Klassiker der Altersvorsorge. Auch wenn die Renditen in der Null- und Niedrigzinsphase nicht mehr besonders üppig sind, gilt sie doch als sicher. Eben auch, weil Sie Ihr Langlebigkeitsrisiko abdeckt, wenn Sie sich für die lebenslange Rente entscheiden. Verbraucherschützer kritisieren allerdings, dass die Versicherer von einer sehr hohen Lebenserwartung ausgehen und sich ein solcher Vertrag nur lohnt, wenn Sie sehr alt werden.

Auch spendiert der Staat bei einer privaten Rentenversicherung keine direkte Förderung wie beispielsweise bei der Riester- oder Rürup-Rente. Steuervorteile gibt es trotzdem. Während der Ansparphase bleiben Erträge wie Zinsen oder Dividenden steuerfrei. Entscheiden Sie sich später für die einmalige Kapitalauszahlung, ist bei einer privaten Rentenversicherung der erzielte Gewinn nur zur Hälfte steuerpflichtig. Voraussetzung für Verträge nach 2005: Der Vertrag ist wenigstens zwölf Jahre lang gelaufen und Sie sind mindestens 62 Jahre alt. Als Gewinn gilt die Differenz zwischen der Summe aller eingezahlten Beiträge und der späteren Kapitalauszahlung.

Der Traum von der eigenen Immobilie

Altersvorsorgeprodukte sind nicht besonders sexy. Wir zahlen Monat für Monat, haben jedoch erst in vielen Jahren etwas davon. Trotzdem führt kein Weg daran vorbei, langfristig vorzusorgen. Auch wenn das wenig erfreulich ist. Deutlich mehr Freude hat man an der eigenen Immobilie. Für viele ist sie einer der großen Wünsche, den wir uns eigentlich schon recht früh im Leben erfüllen können. Die erste eigene Wohnung, ob allein gekauft oder mit dem Partner, ist sicher nicht die Bleibe fürs Alter. Aber das macht nichts. Schließlich können wir sie vermieten, wenn sie irgendwann zu klein ist, uns die Lage nicht mehr gefällt oder wir in eine andere Stadt ziehen. So eine vermietete Immobilie ist ein schöner Baustein für den langfristigen Vermögensaufbau. Los geht es in der Regel aber mit der selbst genutzten Wohnung oder dem selbst genutzten Haus. Drei Viertel aller Mieter träumen Studien zufolge von der eigenen Immobilie, bei Mietern mit Kindern sind es sogar 90 Prozent. Doch wann ist der richtige Zeitpunkt, sich diesen Traum zu erfüllen?

Die niedrigen Zinsen sprechen für einen Immobilienkauf. Als Kreditnehmer können wir endlich einmal von der Dürre bei den Zinsen profitieren. Allerdings sind die Preise für Häuser und Wohnungen in den vergangenen Jahren mächtig gestiegen. Auch das müssen Sie bedenken. Ändern können Sie es aber nicht. Wenn Sie sich Ihren Traum von den eigenen vier Wänden erfüllen möchten, dann müssen Sie sich mit der Situation arrangieren: Die Preise sind vor allem in Toplagen hoch, der Markt ist je nach Stadt und Lage ziemlich leergefegt. Besserung ist erst einmal nicht in Sicht. Das knappe Angebot und die weiterhin starke Nachfrage werden wahrscheinlich dafür sorgen, dass die Preise weiter steigen. Verschwenden Sie also nicht zu viel Zeit.

Finden Sie etwas, das Ihnen gefällt, lässt sich das mit Blick auf die Zinsen finanziell besser stemmen als noch vor einigen Jahren. Ein gewisses Eigenkapital sollten Sie jedoch haben. Experten raten von sogenannten 100-Prozent-Finanzierungen ab. Grundsätzlich gilt: Je mehr Eigenkapital in die Finanzierung fließt, desto geringer ist das Risiko einer Überschuldung und desto günstiger sind die Kreditkonditionen. Empfohlen werden 20 bis 30 Prozent des Kaufpreises plus Nebenkosten.

So ein Immobilienkauf ist natürlich eine große Sache, schließlich investieren Sie je nach Wohnungsgröße mehrere Hunderttausend Euro. Aber wie viel Wohnung können Sie sich überhaupt leisten? Das gilt es, herauszufinden. Sie ahnen es bereits: Es ist wieder einmal Zeit für einen Kassensturz. Es ist eine Sache, beim Hauskauf keine Zeit zu verschwenden. Eine gute Planung ist dennoch unerlässlich. Beginnen sollten angehende Eigenheimbesitzer stets mit einem ehrlichen Kassensturz. Welche Einnahmen, welche Ausgaben haben Sie und gegebenenfalls Ihre Familie? Wie sicher ist Ihr Job oder der des Hauptverdieners? Wie hoch sind die Ersparnisse? Sind Erbschaften zu erwarten? Welche monatliche Tilgungsrate können Sie sich leisten? Vielleicht reduzieren Sie auch die monatliche Sparrate für Ihren ETF- oder Fondssparplan? Wie sieht es mit Sondertilgungen aus? Wie hoch ist Ihre aktuelle Miete? Diese fällt schließlich weg, wenn Sie in den eigenen vier Wänden wohnen, und das Geld können Sie dann für die Tilgung nutzen. Nebenkosten werden Sie aber natürlich weiterhin zahlen müssen.

Haben Sie Ihr Budget ermittelt, geht es an die Suche. Wenn Sie selbst in der Immobilie wohnen wollen, muss sie natürlich in erster Linie zu Ihnen passen. Aber denken Sie trotzdem kurz darüber nach, ob sie in dieser Lage, mit dieser Ausstattung auch gut zu vermieten wäre. Ihre erste Eigentumswohnung ist vielleicht nicht Ihre letzte. Ist die Wunschimmobilie gefunden, geht es an die Finanzierung. Sie brauchen eine Bank, die Ihnen das Geld leiht. Sie sollten versuchen, sich die aktuellen Niedrigzinsen möglichst lange festschreiben zu lassen. Auch wenn wir nicht wissen, wie sich die Zinsen in Zukunft entwickeln: Dass wir in zehn oder 15 Jahren noch immer das niedrige Niveau von heute haben werden, erwartet kaum ein Experte. Warum also keine Zinsbindung von 20 Jahren? Das verteuert den Kredit nur unwesentlich und schafft Planungssicherheit. Dies ist übrigens vor allem für junge Familien wichtig.

VERLIEBT, VERLOBT, VERHEIRATET – UND VERSORGT?

Wir alle träumen von „Mr. Perfect", dem Mann fürs Leben und der ganz großen Liebe. Wie auch immer Sie Ihren Märchenprinzen insgeheim nennen, mit dem großen Glück kommen auch einige finanzielle Herausforderungen auf uns zu. Aber Moment mal: Geld und Liebe gehören doch gar nicht zusammen! Schmetterlinge im Bauch und der schnöde Mammon, das mag wirklich nicht so recht zusammenpassen. Weil Geld ein eher unromantisches Thema ist? Das mag sein. Aber es ist ein hochemotionales Thema. Wenn Paare sich streiten, geht es nämlich oft ums Geld. Die Auslöser können ganz unterschiedlich sein: Sie kaufen vielleicht eine teure Designer-Tasche und er hat für diese „Verschwendung" überhaupt kein Verständnis. Er hat schon wieder in einen neuen Oldtimer investiert, den Sie für eine totale Klapperkiste halten. Sie geben zu wenig Trinkgeld im Restaurant, er zahlt dafür ständig die Zeche für den halben Freundeskreis mit. Sie wollen Kluburlaub am Meer mit Sport und Wellness, er will auf den Zeltplatz in den Bergen. Sie investieren zu vorsichtig, er zu riskant. Und schon kriselt es ein bisschen – und manchmal ein bisschen mehr. Mal ist es unterschwellige Kritik, mal wird es etwas lauter.

Wie wir mit Geld umgehen, ob wir eher sparsam leben, uns öfter einmal etwas Luxuriöses gönnen oder gar das Geld zum Fenster hinauswerfen, hängt stark damit zusammen, was uns unsere Eltern vorgelebt haben. Es wurde uns quasi in die Wiege gelegt. Und das prägt uns. Hinzu kommt, dass wir unseren „Mr. Perfect" immer später treffen. Frauen sind heute im Schnitt etwa 31 Jahre alt, wenn sie zum ersten Mal heiraten. Ihr Mann ist durchschnittlich 34 Jahre alt. Anfang der 1990er-Jahre waren es noch fünf Jahre weniger. Wir heiraten heute also sehr viel später. Und das heißt auch: Wir stehen mitten im Leben, haben unsere berufliche Karriere bereits vorangetrieben, verdienen hoffentlich gut und – das ist ebenfalls ein wichtiger Punkt – haben unsere eigenen Werte. Vor allem wenn es um das Thema Geld geht, haben wir oft genaue Vorstellungen. Es treffen also zwei Individuen mit recht gefestigten Lebensstilen aufeinander. Und diese müssen nun irgendwie miteinander in Einklang gebracht werden.

Reden Sie miteinander. Sprechen Sie über Geld. Leider führt das Thema Geld in zwei von fünf Partnerschaften zu Streit. Das ist das Ergebnis einer repräsentativen Umfrage von Fidelity International, durchgeführt von Kantar EMNID. Auffällig: Mehr Männer (41 Prozent) als Frauen (36 Prozent) geben an, sich mit ihrem Partner hin und wieder über Geld zu streiten. Unterschiedliche Auffassungen unter Paaren und in Familien führen häufig zu Konflikten. Geldfragen sind eben auch Beziehungsfragen. Trotzdem ist es wichtig, dass wir uns diesen Fragen stellen und in Sachen Finanzen unabhängiger werden. Organisieren Sie Ihre gemeinsamen Finanzen.

Natürlich ist Geld ein Machtinstrument. Größerer Besitz erlaubt größere Freiheiten – und genau die sind in diesem Buch unser Ziel. Was aber, wenn der Partner viel mehr hat, das Hab und Gut jedoch nicht geteilt wird? Es bietet einiges Konfliktpotenzial, wenn die Vermögensunterschiede sehr groß sind. Und wenn wir dann auch noch völlig unterschiedlich mit Geld umgehen, wird es nicht besser. Davon wollen wir natürlich nichts hören, wenn wir frisch verliebt sind. Am Anfang der Beziehung ist Geld meistens kein Thema. Zwei Wohnungen, zwei Gehälter, zwei Leben – man lädt sich gegenseitig ein, teilt größere Ausgaben, etwa für den Urlaub. Mit der ersten gemeinsamen Wohnung fängt das Theater meistens an. Wer zahlt wie viel Miete? Jeder die Hälfte? Oder der Besserverdienende mehr? Und wie wird dieses „Mehr" kalkuliert? Wer entscheidet, wofür das gemeinsame Budget ausgegeben wird? Natürlich beide gemeinsam, würden Sie sagen? Von wegen. Die Hans-Böckler-Stiftung hat sich mit dem Thema ausführlich beschäftigt. Das Ergebnis: Der Partner mit dem höheren Gehalt hat die Hosen an. Auch im Deutschland des 21. Jahrhunderts ist das in der Regel immer noch der Mann, denn auch an der Rollenverteilung hat sich wenig geändert: Frauen im Job tragen in Beziehungen mit Kindern auch heute noch nur durchschnittlich 23 Prozent zum Familieneinkommen bei. Damit ist Deutschland im OECD-Vergleich Schlusslicht.

Klare Absprachen für das gemeinsame Budget

Wenn wir zusammenziehen, müssen wir klare Absprachen über die laufenden Ausgaben treffen. Es geht ja nicht nur um die Miete. Was ist mit Strom, Telefon und Internet? Wer füllt den Kühlschrank? Was ist mit den Versicherungen? Und wie wird der nächste Urlaub finanziert? Es gilt also (wieder einmal), das Budget zu errechnen und festzulegen, wer wie viel zahlt. Eine gemeinsame Finanzplanung bedeutet nämlich nicht zwangsläufig, alles in einen Topf zu werfen. Um den Überblick zu behalten, hat sich für viele Paare das Drei-Konten-Modell bewährt. Beide Partner behalten ihre Girokonten. Dorthin fließen weiterhin jeden Monat Gehalt, Dividenden und Zinserträge. Zusätzlich eröffnen sie ein gemeinsames Girokonto, über das beide gleichberechtigt verfügen. Per Dauerauftrag überweist dann jeder seinen Anteil am Haushaltsbudget auf das Gemeinschaftskonto. Dieses Modell können Sie auch beibehalten, wenn Sie irgendwann heiraten.

Auf jeden Fall sollten Sie über existenzielle Finanzfragen sprechen. Denn wenn Sie sich bei Altersvorsorge, Krediten für größere Anschaffungen oder gar einem Baudarlehen nicht einigen können, kann das Ihre Beziehung stark belasten. Nicht selten scheitern Ehen an solchen Streitereien über das Geld und die gemeinsamen (finanziellen) Ziele. Zerbricht eine Partnerschaft, ist auch die finanzielle Fürsorge schnell vergessen. Finanzielle Fragen müssen deshalb so früh wie möglich und für beide Seiten so gut wie möglich geklärt werden. Es geht schließlich um unsere

Zukunft. Diese Zukunft wollen wir mit unserem „Mr. Perfect" verbringen. Mit der Hochzeit samt rauschendem Fest werden für viele von uns Kindheitsträume wahr – verbunden mit jeder Menge großer Pläne für die Zukunft. Für immer und ewig eben. Aber auch wenn es wenig romantisch ist, sollten Sie Vereinbarungen für den Trennungsfall treffen. Bringt Ihre große Liebe etwa ein großes Erbe mit in die Beziehung oder aber einen gehörigen Berg Schulden, kann eine Vereinbarung über Gütertrennung sinnvoll sein – für beide Seiten. Denn klare Verhältnisse bringen Ruhe in die Beziehung. Finanzielle Fragen lassen sich in unserer Welt nämlich nicht totschweigen. Sie beeinflussen jeden unserer Lebensbereiche – auch die Liebe. Egal, ob Sie das wollen oder nicht.

Ehevertrag – Vereinbarung für den Trennungsfall

Romantisch ist er nicht, so ein Ehevertrag. Aber er verhindert, dass es bei einer Scheidung zu einem Rosenkrieg ums Geld kommt. Der macht bekanntlich vor allem die Anwälte reich und selten die Streitenden. Von der emotionalen Belastung einmal ganz abgesehen. Mehr als 400.000 Paare geben sich nach aktuellen Zahlen des Statistischen Bundesamtes pro Jahr das Jawort. Die bittere Kehrseite: Jedes Jahr sind es auch regelmäßig mehr als 150.000 Paare, die sich scheiden lassen. Oft kommt es dann zu unschönen Auseinandersetzungen um das liebe Geld. Es wird um Unterhalt, Vermögensausgleich, Versorgungsausgleich und alle gemeinsamen Besitztümer gestritten. Verletzter Stolz, Vorwürfe, Enttäuschungen – auch wenn es nicht ganz so wild zugeht wie im Fall der „Roses" im Spielfilm „Der Rosenkrieg", ist so ein Verfahren extrem anstrengend und belastet das Verhältnis zueinander noch zusätzlich. Vor allem wenn Kinder im Spiel sind, sind diese Streitereien äußerst unschön.

Ein Ehevertrag kann helfen, bösen Überraschungen vorzubeugen. Pflicht ist er natürlich nicht. Auch die gesetzlichen Regeln führen in vielen Fällen zu fairen Deals, aber der Kampf bis zu diesen ist oft zäh und ermüdend. Ich kenne Paare, die das Trennungsjahr damit verbracht haben, sich gefühlt rund um die Uhr über Geld zu streiten. Wieso fließt nicht mehr Unterhalt, wer zieht aus, wer bekommt welche Möbel und welches Bild? Statt sich ruhig an einen Tisch zu setzen, wurde gebrüllt, angeklagt, verletzt. Die Gefühle kochen hoch. Andere Paare hatten für den Trennungsfall vorgesorgt, ihre Finanzen gut geordnet. Sie mussten nicht über Geld streiten, weil alles geregelt war und jeder genau wusste, was ihr oder ihm zustand. Das macht eine ohnehin traurige und oft emotional schwierige Trennung zumindest nicht noch schlimmer. Wenn Ihnen die Verhandlungen über einen solchen Ehevertrag nun partout zu unromantisch sind, müssen Sie den Ehevertrag ja nicht vor der Hochzeit aushandeln. Das geht auch später noch.

Verzichten Sie auf einen individuellen Ehevertrag, gelten die Regeln des Bürgerlichen Gesetzbuches (BGB). Dabei geht der Gesetzgeber mehr oder weniger vom traditionellen Familienmodell aus: Ein Ehepartner verdient den Lebensunterhalt, der andere kümmert sich um Kinder und Haushalt. Wer aus diesem Grund beruflich kürzertritt, soll nicht ohne Versorgung dastehen, wenn die Ehe zerbricht. Dann kommt es laut BGB zum sogenannten Zugewinnausgleich (ZGA): Jeder Partner behält, was er mit in die Ehe gebracht hat. Was während der Ehe hinzugekommen ist, wird geteilt. Und der solventere Partner ist seinem Gatten schließlich zu Unterhalt verpflichtet. Die Höhe hängt dabei vereinfacht gesagt vom Lebensstandard während der Ehe und den finanziellen Mitteln der Gatten nach der Scheidung ab.

Auch nach der Scheidung muss ein Ehegatte also finanziell für seinen Ex-Partner sorgen, wenn dieser kein eigenes Einkommen hat oder erheblich weniger verdient. Grundregel ist: Beide Ex-Partner sollen im Monat gleich viel Geld zur Verfügung haben. Die Höhe des Ehegattenunterhalts wird deshalb grob vereinfacht berechnet, indem man die Differenz beider Einkommen ermittelt. Von diesem Betrag erhält der finanziell schwächere Partner die Hälfte. Ein Anspruch auf Unterhalt besteht nicht, wenn ein Geschiedener selbst für sich sorgen kann. Nach der Scheidung sind auch Frauen, die sich jahrelang um den Haushalt gekümmert haben, verpflichtet, sich um eine Stelle zu bemühen. Ausnahmen gelten, wenn sie kleine Kinder zu Hause betreuen.

Aber zurück zum Ehevertrag: Weicht Ihr Familienmodell vom traditionellen Standard ab, können Sie die gesetzlichen Vorgaben per Ehevertrag auf Ihre eigene Situation zuschneiden. Das kann zum Beispiel bei kinderlosen Doppelverdiener-Ehen, sehr unterschiedlichen Vermögensverhältnissen oder Unternehmer-Ehen infrage kommen. Im Ehevertrag lässt sich unter anderem Folgendes regeln: Statt des Vermögensausgleichs können Sie eine strikte Gütertrennung vereinbaren. Ihr jeweiliges Vermögen bleibt dann während und nach der Ehe getrennt. Ein Ausgleich muss gar nicht erst stattfinden. Alternativ lässt sich der Zugewinnausgleich auch modifizieren. Grundsätzlich bleibt es zwar bei dem Ausgleich, größere Vermögensgegenstände wie Immobilien oder ein Betrieb bleiben aber bei der Berechnung außen vor. Übrigens: Erbschaften oder größere Geschenke werden schon nach den Regeln des Bürgerlichen Gesetzbuches nicht in die Ausgleichsberechnung einbezogen. Sie können den Zugewinn außerdem wertmäßig begrenzen oder eine andere Aufteilungsquote festlegen: Es gibt dann beispielsweise nur ein Viertel des Zugewinns statt der Hälfte.

Für Ihre Altersvorsorge gibt es ebenfalls Regelungen. Der Gesetzgeber sieht vor, dass beide Ehepartner bei einer Scheidung die während der Ehe erworbenen Rentenanwartschaften dem anderen jeweils zur Hälfte gutschreiben müssen. Das betrifft die gesetzliche Rente ebenso wie Betriebs-, Riester- oder private Renten. Haben beide bereits ausreichend eigene Vorsorge getroffen, können sie diesen Ausgleich auch komplett ausschließen.

Die gesetzlichen Regeln zum Ehegattenunterhalt können Sie mit Ihrem Ehemann ebenfalls ändern. Sie begrenzen ihn etwa in der Höhe, die Sie für eine angemessene Basisversorgung erachten. Oder Sie erweitern ihn in finanzieller oder zeitlicher Hinsicht. Wichtig: Den Trennungsunterhalt, also die Finanzspritze während des gesetzlich vorgeschriebenen Trennungsjahres, dürfen die Partner ebenso wenig ausschließen wie den Unterhalt für gemeinsame Kinder. Auch eine Regelung, nach der der wirtschaftlich nicht so gut Gestellte auf ihren oder seinen Unterhalt komplett verzichtet, obwohl sie oder er sich um gemeinsame Kinder kümmert, dürfte regelmäßig unwirksam sein.

Apropos unwirksam: Generell steht ein Ehevertrag auf der Kippe, wenn er Sie oder Ihren Ehemann schlicht übervorteilt oder wenn ein Partner den anderen unter Druck setzt, um die Unterschrift zu bekommen. Eheverträge müssen wie Testamente notariell beglaubigt werden. Ein Notar kann Sie übrigens auch beraten und Sie bei der Ausgestaltung Ihres Ehevertrages unterstützen. Ich finde einen Ehevertrag grundsätzlich sinnvoll. Sie ersparen sich im Fall der Fälle jede Menge Ärger, wenn alles geregelt ist.

Testament – Ihr Letzter Wille

Und wenn Sie schon einmal dabei sind, dann können Sie auch gleich über Ihren Letzten Willen und ein Testament nachdenken. Ich weiß, das ist ein ähnlich leidiges Thema wie der Ehevertrag. Mit dem Thema Erbschaft – und damit ja irgendwie auch dem Sterben – beschäftigen wir uns nur ungern. Es ist ein unbeliebtes Thema, wie auch 60 Prozent der Befragten in einer repräsentativen Studie des Instituts für Demoskopie Allensbach im Auftrag der Deutschen Bank finden. Die Hälfte der Befragten wünscht sich übrigens auch keinen offeneren Umgang mit dem Thema in ihrem persönlichen Umfeld. Sterben und die Planung des Nachlasses ist oft ein Tabuthema.

Wenn wir uns gar nicht kümmern, greift die gesetzliche Erbfolge. Entscheidend ist dabei die verwandtschaftliche Nähe zum Erblasser. Erben erster Ordnung sind Ihre Kinder, Enkel und Urenkel. Erben zweiter Ordnung sind Ihre Eltern und deren Nachkommen, also Ihre Geschwister, Nichten und Neffen. Ihre Großeltern und deren Nachkommen, also Ihre Onkel, Tanten, Cousinen und Cousins sind Erben dritter Ordnung und so weiter und so fort. Dem Erblasser nähere Verwandte schließen entferntere Verwandte auch innerhalb einer Ordnung von der Erbfolge aus. Kinder erben also beispielsweise vor Enkeln. Gesetzliche Erben sind vorrangig die nächsten Verwandten. Auch der überlebende Ehegatte hat ein Erbrecht und erbt neben den Verwandten. Der Erbanteil bemisst sich danach, welche Verwandten des Erblassers zum Zuge kommen und in welchem Vermögensgüterstand die Ehegatten gelebt haben. Lebenspartner einer eingetragenen Lebenspartnerschaft stehen den Ehegatten gleich.

Wenn Sie aber die gesetzliche Erbfolge nicht wünschen, dann müssen Sie ein Testament verfassen. Doch nur 39 Prozent der potenziellen Erblasser haben laut Allensbach-Studie bereits ihr Testament gemacht. Allerdings nimmt dieser Anteil seit einigen Jahren kontinuierlich zu. 24 Prozent derjenigen mit Nachlassplanung haben das Testament vor ihrem 50. Geburtstag verfasst, ein weiteres Viertel im Alter von 50 bis 60 Jahren und ein gutes Drittel war 60 bis 70 Jahre alt, als das Dokument erstellt wurde. Wir kümmern uns also erst recht spät im Leben um unseren Nachlass. Aber was passiert, wenn wir früh sterben? Wir sollten zumindest einmal darüber nachdenken, wer dann wie viel erben würde. Und wir sollten mit unserem Partner darüber reden.

Die Mehrzahl der Testamente legt übrigens fest, dass der Ehegatte beziehungsweise die Ehegattin zunächst alles erben wird. Experten sprechen vom „Berliner Testament". Häufig vererbt werden Geld (75 Prozent), Erinnerungsstücke (52 Prozent) sowie Immobilien und Grundstücke (40 Prozent). Fast jeder, der ein Testament verfasst, lässt sich dabei beraten, die meisten von einem Notar. Aber auch Anwälte und Bankberater werden gefragt, wenn es um den Letzten Willen geht. Lassen Sie sich bitte auf jeden Fall beraten. Ein falsch verfasstes Testament kann für jede Menge Ärger sorgen. Nicht selten landen solche Streitigkeiten vor Gericht. Und das wollen Sie schließlich verhindern, wenn Sie Ihren Letzten Willen verfassen. Das Erbe muss versteuert werden, es gibt allerdings Freibeträge: Ehegatten zahlen für Erbschaften bis zu 500.000 Euro keine Steuern, bei Kindern sind es 400.000 Euro und bei Enkeln 200.000 Euro. Vielleicht sind deshalb Schenkungen in jungen Jahren sinnvoll. Jeder Euro, der diese Freibeträge überschreitet, muss versteuert werden.

Vererben ohne Trauschein

Wenn Sie auf den Trauschein verzichten, aber sich trotzdem gegenseitig absichern möchten, müssen Sie sogar unbedingt ein Testament aufsetzen oder einen Erbvertrag schließen. Denn unverheiratete Partner tauchen in der gesetzlichen Erbfolge nicht auf. Und das, obwohl diese Form der Partnerschaft heute ein völlig normales und weitverbreitetes Lebenskonzept ist. Die „wilde Ehe" ist längst nicht mehr wild. Der einfachste Weg, um Ihren Partner über den eigenen Tod hinaus abzusichern: Setzen Sie ein Testament auf. Leider ist ein gemeinschaftliches Testament, wie es Eheleute gern verfassen, ausgeschlossen. Jeder muss seinen Letzten Willen für sich selbst zu Papier bringen und ein sogenanntes Einzeltestament aufsetzen. Dieses muss komplett eigenhändig geschrieben und unterschrieben sein – Computerausdrucke sind ungültig. Zudem ist es sinnvoll, das Datum zu ergänzen, damit die Nachkommen die jeweils aktuellste Version erkennen. Schließlich können Sie Ihr Testament jederzeit anpassen oder sogar widerrufen. Und das natürlich auch, ohne Ihren Partner darüber zu informieren. Das birgt für beide Seiten natürlich eine gewisse Unsicherheit.

Für Paare, die eine größere gegenseitige Bindung und damit Sicherheit wollen, ist ein Erbvertrag eine gute Wahl. Darin können sie verbindlich festlegen, dass Sie sich gegenseitig beerben und Ihre Kinder oder andere Verwandte zu sogenannten Schlusserben werden, also erst nach dem Tod beider Partner zum Zuge kommen. Erbverträge sind deshalb verbindlicher als zwei getrennte Testamente, weil die Partner die dort festgelegten Verfügungen grundsätzlich nur mit Zustimmung des anderen wieder ändern können. Nach dem Tod von einem der Partner sind Änderungen sogar in der Regel völlig ausgeschlossen. Es sei denn, die Partner haben im Vertrag Voraussetzungen definiert, die eine Abweichung erlauben. Kleine Hintertürchen können Sie sich durch Änderungs- oder Ausstiegsklauseln offen lassen. Das ist besonders für den Fall einer Trennung sehr ratsam. Auch Erbverträge muss ein Notar beurkunden. Er kann Ihnen natürlich auch bei der Ausgestaltung helfen und alles in juristisch einwandfreie Worte packen. Der Vertrag wird anschließend beim zuständigen Nachlassgericht amtlich verwahrt und beim zentralen Testamentsregister registriert.

Egal ob Erbvertrag oder Einzeltestamente – der Fiskus behandelt unverheiratete Paare wie Fremde. Das heißt: Bei den auf die Erbschaft folgenden Steuern wird der fehlende Trauschein leider teuer. Unverheiratete Partner haben nur einen Freibetrag von 20.000 Euro. Alles Vermögen, das darüber liegt, müssen sie mit hohen Steuersätzen zwischen 30 und 50 Prozent versteuern. Beim Mietrecht sind wir juristisch zum Glück schon weiter. Stirbt der Lebenspartner, der den Mietvertrag unterschrieben hat, so geht nach heutiger Rechtsprechung das Mietverhältnis auf den Überlebenden über, wenn zwischen den Partnern seit Längerem eine eheähnliche Lebensgemeinschaft bestand. Dass das so ist, muss jedoch der überlebende Partner beweisen können.

Ehevertrag, Testament oder Erbvertrag: Sich damit zu beschäftigen und alles schwarz auf weiß zu justieren ist sicher nicht vergnügungssteuerpflichtig – aber wichtig. Irgendwann im Leben wird nämlich der Tag kommen, an dem Sie froh sein werden, alles gut geregelt zu haben. Viel regeln müssen Sie auch, wenn Sie Ihr erstes Kind bekommen. Das macht aber sicher mehr Spaß und ist mit viel positiveren Gedanken behaftet als Ehevertrag & Co.

Verliebt, verlobt, verheiratet – und plötzlich zu dritt

Wenn Sie sich entscheiden, Kinder zu bekommen, verändert sich einfach alles. Das ganze Leben wird von so einem kleinen Zwerg auf den Kopf gestellt, vor allem in den ersten Monaten. Prioritäten verschieben sich, Ziele verändern sich. Der Familienzuwachs hat außerdem gravierende Auswirkungen auf Ihre Finanzen. Sie müssen sich kümmern, um den Nachwuchs natürlich, aber bitte auch um Ihr Geld. Mit dem Nachwuchs kommen viele Entscheidungen, aber auch eine Menge Papierkram auf Sie zu, dazu Behördengänge – hier gilt es wie so oft, die finanzielle Planung zu überprüfen und anzupassen. Ich selbst habe keine Kinder.

Aber ich habe erlebt, wie Freundinnen schier im Papierkram untergegangen sind. Es wäre einfacher und organisierter gegangen, sagen sie alle. Aber es fehlte der Überblick, das Wissen darüber, was überhaupt alles erledigt werden kann. Manches hätten sie schon vor der Geburt in Angriff nehmen können. Hinterher ist man immer schlauer. Kündigt sich Nachwuchs an, ist auf jeden Fall einiges zu regeln: Schwangerschaft melden, Mutterschutz anmelden, Antrag auf Kindergeld, Antrag auf Elternzeit, Antrag auf Elterngeld. Die nötigen Formulare und Papiere können Sie schon vor der Geburt zusammentragen. Im Internet gibt es übrigens nützliche Checklisten, zu welchem Zeitpunkt Sie welches Formular bei welcher Behörde oder beim Arbeitgeber abgeben müssen und welche Zusatzinfos benötigt werden. Denn wenn Ihr Baby erst da ist, haben Sie dazu sicher keine Lust mehr – und wahrscheinlich auch keine Zeit.

Das Gleiche gilt wahrscheinlich für Ihre Finanzen. Denn auch die werden sicherlich ziemlich durcheinandergewirbelt. Es ist wieder einmal Zeit für einen Kassensturz, denn Ihre Einnahmen und Ausgaben werden sich mächtig verändern. Rechnen Sie durch, wie Ihre neuen Einkommensverhältnisse aussehen. Wie viel Gehalt fließt noch, wie viel Elterngeld bekommen Sie? Wann wollen Sie wieder in den Job einsteigen? Vollzeit oder Teilzeit? Wenn Sie sich in den vergangenen Jahren bereits um Ihren Vermögensaufbau gekümmert haben, dann haben Sie nicht nur einen Notgroschen, sondern auch ein schönes finanzielles Polster. Vergessen Sie also Ihre ETF- und Fondssparpläne nicht. Sie sollten im besten Fall einfach weiterlaufen. Aber da diese Sparpläne sehr flexibel sind, könnten Sie gegebenenfalls Anteile verkaufen oder die Sparraten etwas reduzieren. Natürlich können Sie auch einfach Ihre monatlichen Kosten insgesamt durchgehen und nach Sparmaßnahmen suchen, wenn es denn sein muss. Vergessen Sie bei Ihrer finanziellen Planung nicht die Kosten für das Kind. Windeln, Kleidung und Ernährung müssen einberechnet werden – und natürlich ebenso die Einrichtung des Kinderzimmers, der Kinderwagen und so weiter.

Gravierender als die Kosten für den Nachwuchs sind die Einschnitte bei den Einnahmen. So viel ist klar: Ihre Einnahmen werden schrumpfen. Zwar soll das Elterngeld fehlendes Einkommen ausgleichen, wenn Eltern ihr Kind nach der Geburt betreuen. Es soll die wirtschaftliche Existenz der Familien sichern und Müttern und Vätern helfen, Familie und Beruf besser zu vereinbaren. Aber es ist leider begrenzt. Und es gibt auch nicht das ganze alte Gehalt.

Elterngeld – Ausgleich für fehlendes Einkommen

Eltern können zwischen Elterngeld beziehungsweise Basiselterngeld und Elterngeld Plus wählen oder beides miteinander kombinieren. Ihnen stehen beim Basiselterngeld gemeinsam insgesamt 14 Monate zu, wenn sich beide an der Betreuung beteiligen und dadurch Einkommen wegfällt. Sie können die Monate frei untereinander aufteilen. Ein Elternteil kann dabei mindestens zwei und höchstens zwölf Monate für sich in Anspruch nehmen.

Übrigens: Auch getrennt lebenden Elternteilen steht das Elterngeld zu. Alleinerziehende, die es zum Ausgleich des wegfallenden Erwerbseinkommens beziehen, können die vollen 14 Monate Elterngeld in Anspruch nehmen. Das Elterngeld Plus lohnt sich für Sie, wenn Sie schon während des Elterngeld-Bezugs wieder in Teilzeit arbeiten wollen. Mütter und Väter haben damit die Möglichkeit, länger als bisher Elterngeld in Anspruch zu nehmen. Sie bekommen die Leistungen doppelt so lange, jedoch in maximal halber Höhe, und können so ihr Elterngeld-Budget besser ausschöpfen. Aus einem Elterngeld-Monat werden also zwei Elterngeld-Plus-Monate. Eltern, die sich für ein partnerschaftliches Zeitarrangement entscheiden, erhalten einen Partnerschaftsbonus: Sie bekommen vier zusätzliche Elterngeld-Plus-Monate, wenn sie in dieser Zeit gleichzeitig zwischen 25 und 30 Wochenstunden arbeiten. Das gilt übrigens auch für getrennt erziehende Eltern, die als Eltern gemeinsam in Teilzeit gehen. Alleinerziehenden steht der gesamte Partnerschaftsbonus zu. Das Elterngeld Plus wird von Familien sehr gut angenommen.

Zuletzt haben sich 20 Prozent der Eltern, die Elterngeld beantragt haben, für Elterngeld Plus entschieden, heißt es beim Bundesfamilienministerium.

Das klingt alles nach einer feinen Sache. Ist es auch. Wenn Sie aber relativ gut verdient haben, dann müssen Sie mit massiven Einschnitten rechnen. Das Elterngeld ist nämlich gedeckelt. Zwar orientiert sich seine Höhe am monatlich verfügbaren Nettoeinkommen, das der betreuende Elternteil vor der Geburt des Kindes hatte und das nach der Geburt wegfällt. Eltern mit höheren Einkommen erhalten 65 Prozent, Eltern mit niedrigeren Einkommen bis zu 100 Prozent dieses vorherigen Einkommens. Aber das Elterngeld beträgt höchstens 1.800 Euro beziehungsweise 900 Euro beim Elterngeld Plus. Ein Mindestelterngeld von 300 Euro erhalten alle, die nach der Geburt ihr Kind selbst betreuen und höchstens 30 Stunden in der Woche arbeiten, etwa auch Studierende, Hausfrauen oder Hausmänner und Eltern, die wegen der Betreuung älterer Kinder nicht gearbeitet haben.

Sie sehen, das Elterngeld mildert die finanziellen Einschnitte, ausgleichen kann es sie aber nur in den wenigsten Fällen. Auch deshalb sollten Sie unbedingt nachrechnen und einen Kassensturz machen. Das Bundesfamilienministerium bietet übrigens einen Elterngeld-Rechner an. Mit ihm können Sie ausrechnen, wie viel Ihnen zusteht. Und auf dem Internetportal Elterngeld Digital können Sie das Elterngeld in den Bundesländern Berlin und Sachsen nun auch mit elektronischer Unterstützung beantragen. Für weitere Bundesländer ist die Digitalisierung in Planung. Diese Unterstützung scheint auch nötig, denn die Formulare sind nicht unbedingt immer selbsterklärend, berichten junge Mütter. Auf diesem Portal finden Sie außerdem jede Menge Informationen rund um das Thema. Übrigens hört und liest man immer wieder, dass die Bearbeitung des Antrags auf Elterngeld einige Monate dauern kann. Auch für diesen Fall ist es prima, dass Sie einen Notgroschen auf dem Tagesgeldkonto haben. Sollten Sie ihn wirklich antasten müssen, vergessen Sie bitte nicht, das Konto später, wenn das Elterngeld fließt, wieder aufzufüllen.

Natürlich steht Ihnen beziehungsweise Ihrem Nachwuchs auch Kindergeld zu. Wer Kinder hat, einkommensteuerpflichtig ist und auf deutschem Boden wohnt, erhält für das erste und zweite Kind immerhin 194 Euro im Monat. Für das dritte Kind gibt es 200 Euro und für das vierte und jedes weitere Kind dann 225 Euro pro Monat. Ab Juli 2019 steigen diese Leistungen um jeweils zehn Euro. Kindergeld bekommen alle Kinder bis zum 18. Lebensjahr, arbeitslose Kinder bis zum 21. Lebensjahr und Kinder in Ausbildung bis zum 25. Jahr. Das Finanzamt prüft jedes Jahr, ob sich für Eltern das Kindergeld oder der Kinderfreibetrag mehr lohnt. Die Prüfung erfolgt automatisch und muss nicht beantragt werden. Seit 1. Januar 2019 beträgt der Kinderfreibetrag 7.620 Euro. Es gelten die gleichen Altersgrenzen wie beim Kindergeld.

Wiedereinstieg in den Job – Risiko Teilzeit

Doch all diese staatliche Unterstützung gleicht natürlich die Einschnitte beim Einkommen nicht aus. Viele Frauen müssen wieder arbeiten gehen, die meisten wollen es auch. Planen Sie Ihren Wiedereinstieg in den Job rechtzeitig. Wann wollen Sie zurückkommen und mit welchem Arbeitszeitmodell? Schon beim Gespräch mit der Führungskraft über die Schwangerschaft kann die Frage nämlich aufkommen. Vielleicht wollen und können Sie schon während der Elternzeit Teilzeit arbeiten. Viele Frauen treten im Job kürzer, um sich um ihre Kinder zu kümmern. Heute arbeiten in Deutschland zwar knapp drei Viertel aller Mütter, weit mehr als die Hälfte davon jedoch mit reduzierter Wochenarbeitszeit. Es macht auch scheinbar Sinn mit Blick auf die Finanzen der Familie. Schließlich verdienen Frauen schlechter als Männer. Da lohnt es sich, wenn sie länger in Elternzeit gehen als die Väter und wenn sie auch später beruflich zurückstecken – und dann in Teilzeit erst recht weniger verdienen.

Auch wenn wir uns dafür sehr bewusst entscheiden, der Blick auf das eigene Konto ist dann natürlich nicht so erfreulich. Teilzeit macht nun einmal nicht reich. Finanzielle Unabhängigkeit sieht anders aus. Ohne den vollverdienenden Mann, den Versorger, geht es plötzlich doch nicht. Das ist wahrscheinlich auch ein Grund dafür, dass gemeinsame Konten unter Eheleuten hierzulande noch immer so weitverbreitet sind. Nur ein Viertel der verheirateten Paare regelt die Finanzen komplett separat. Circa ein Viertel nutzt das bereits erwähnte Drei-Konten-Modell und mehr als die Hälfte setzt immer noch auf ein gemeinsames Konto, auf das beide Gehälter fließen. Beide Partner sind dann gleichberechtigt, unabhängig davon, wer wie viel verdient. Da aber jede Ausgabe für jeden sichtbar ist, kann es auch zu Dissonanzen kommen. Die teuren Schuhe vom eigenen Konto sorgen nicht so schnell für Diskussionen.

Am wenigsten Ärger hat man wahrscheinlich mit dem Drei-Konten-Modell: Jeder behält sein eigenes Konto. Auf ein drittes, gemeinsames Konto zahlt dann jeder seinen Anteil für die gemeinsamen Kosten, also Miete, Nebenkosten, Lebensmittel, Putzfrau oder Kinderbetreuung, ein. Auch Beiträge zu Versicherungen und Sparplänen sollten von diesem Konto bezahlt werden. Experten empfehlen, dieses gemeinsame Konto prozentual nach den Einkommen der Partner zu füllen. Auf dem eigenen Konto verwaltet dann jeder sein eigenes, übrig gebliebenes Budget – für die teuren Schuhe oder die Luxushandtasche zum Beispiel. Apropos Luxushandtasche: Von der gut verdienenden Karrierefrau auf einmal zur Mami in Teilzeit – da ist dann auf einen Schlag kein Geld mehr auf dem eigenen Konto für die kleinen (oder größeren) Annehmlichkeiten des Lebens. Früher war das gar kein Thema. Und jetzt? Aber wer will schon den eigenen Mann um eine Art Taschengeld bitten? Die Zeiten sind doch eigentlich vorbei. Oder? Noch vor 30 Jahren war dieses Modell in deutschen Haushalten Standard. Der Mann verdiente, die Frau blieb zu Hause und hielt ihm den Rücken frei. Das Geld floss natürlich auf sein Konto, zu dem sie – damals auch normal – keinen Zugriff hatte. Bis 1962 durfte die Frau nämlich ohne Erlaubnis ihres Ehemannes kein eigenes Bankkonto eröffnen. Erst in den 1970er-Jahren wurde das Eherecht dahingehend geändert, dass eine Frau arbeiten gehen durfte, ohne ihren Mann fragen zu müssen. Unsere Eigenständigkeit ist also erst ein paar Jahrzehnte alt, während Männer traditionell schon immer in der Rolle des Versorgers waren – seit Jahrhunderten. Kein Wunder also, dass Männer ein anderes Verhältnis zu Geld haben als viele Frauen. Vielleicht deshalb machen sich viele von uns noch immer komplett abhängig von ihrem Mann. Man sollte meinen, dieses Klischee aus den 1950er-Jahren hätten wir hinter uns gelassen. Haben wir aber leider immer noch nicht, oder zumindest viele von uns. Auch wenn in den vergangenen Jahrzehnten einiges im Umbruch war, hat das dem häuslichen Frieden nicht unbedingt geholfen. Die Frage, ob man gemeinsame Kasse macht, zwei getrennte Konten hat oder sogar drei, ändert daran nur wenig. Die Welt mag vielleicht ein bisschen gleicher geworden sein, aber dadurch ist sie nicht unbedingt einfacher geworden.

Wehe, wenn die Beziehung nicht für immer hält! Bereits seit 2008 erwartet das Unterhaltsrecht von geschiedenen Frauen, wieder in Teilzeit zu arbeiten, sobald ihr Kind drei Jahre alt ist. Anspruch auf Unterhalt haben sie dann nur noch für den Nachwuchs, nicht aber für sich selbst. Apropos Teilzeit: Seit Neuestem gibt es einen Ausweg aus der Teilzeitfalle. Bislang galt zwar für Arbeitnehmer ein Recht auf Teilzeit – nicht aber das Recht darauf, zurück in die Vollzeit zu wechseln. Ein neues Gesetz soll Entschärfung auf diesem Gebiet bringen. Seit Januar 2019 können Arbeitnehmer ihre Arbeitszeit für ein bis fünf Jahre verringern – ihre Arbeitgeber müssen ihnen anschließend die Rückkehr in Vollzeit ermöglichen. Diese Brückenteilzeit gilt in Unternehmen mit mindestens 45 Beschäftigten, wenn die Mitarbeiter mindestens ein halbes Jahr im Betrieb sind. Eine Einschränkung gibt es jedoch: Arbeitgeber mit 46 bis 200 Beschäftigten müssen nur einem von 15 Arbeitnehmern den Anspruch auf Brückenteilzeit gewähren. Wer aber jahrelang aus dem Job raus ist, hat ein Problem. So leicht gelingt ein Wiedereinstieg dann nicht mehr. Mit jedem Jahr an der Seitenlinie wird es schwieriger.

Eigentlich sollte das neue Unterhaltsrecht Anreize für Familien setzen, sich vom Modell des Vaters als Ernährer der Familie zu verabschieden. Viel verändert hat sich allerdings nicht. Die wenigsten rechnen damit, dass ihre Ehe zerbricht. Mehr noch: Frauen und Männer teilen sich in Ehen die Familienarbeit und Erwerbstätigkeit noch genauso traditionell auf wie früher. Das zeigt eine Untersuchung des Leibniz-Instituts für Wirtschaftsforschung. Sogar wenn ihnen Hartz IV droht, gehen Frauen nicht früher wieder mehr arbeiten. Im Fall einer Trennung ist das natürlich ein Drama. Aber auch wenn die Ehe hält, wirkt sich das auf das Leben im Alter aus.

Altersvorsorge für Mütter

Frauen bekommen in Deutschland im Schnitt deutlich weniger Rente als Männer. Das liegt zum Teil daran, dass sie grundsätzlich weniger verdienen. Ein weiterer Grund ist jedoch, dass viele nur stundenweise oder über Jahre hinweg gar nicht gearbeitet haben. Pro Kind können sich junge Eltern drei Jahre lang Erziehungszeiten fürs Alter anrechnen lassen, danach müssen sie wieder erwerbstätig sein, um Entgeltpunkte für die Rente zu sammeln. Keine Frau, die sich zu Hause um ihre Kinder kümmert, sitzt faul herum. Aber die Rente, die sie später bekommen wird, erweckt diesen Eindruck. Das ist ungerecht, aber leider die Realität. Realität ist auch, dass viele Frauen nicht mehr 40 Stunden arbeiten wollen, sobald sie Kinder haben. Manche hören sogar ganz auf. Das ist legitim, das mag Ihr Lebensentwurf sein – und der Ihres Partners. Aber: Sie müssen über die Folgen reden! Wer sich für das traditionelle Familienbild und die damit verbundenen Rollen entscheidet, sollte – vor allem mit Blick auf die private Altersvorsorge – finanziell nicht zurückstecken müssen. Sie müssen miteinander verhandeln, und zwar über finanzielle Gerechtigkeit. Verdient die Frau weniger Geld, weil sie mehr Zeit mit den Kindern verbringt, ist es nur gerecht, wenn ihr Mann ihr eine Ausgleichszahlung überweist. Am besten in Form einer Altersvorsorge. Der „Versorger" sollte dafür sorgen, dass seine Frau im Alter finanziell gut dasteht, wenn sie längere Zeit nicht oder nur in Teilzeit arbeiten geht. Das gilt übrigens auch andersherum. Der oder die Besserverdienende muss in die Zukunftssicherung der oder des weniger Verdienenden investieren.

Und das Ganze bitte nicht gönnerhaft, sondern auf einer systematischen und rechnerischen Basis, die beide miteinander aushandeln. Hält die Ehe für immer und ewig, haben beide etwas davon. Zerbricht die Beziehung, stehen Sie als Frau nicht mit komplett leeren Händen da. Das müssen Sie doch eigentlich beide wollen! Ich bin übrigens sehr dafür, solche Regelungen schriftlich zu fixieren. So kann es keinen Ärger geben.

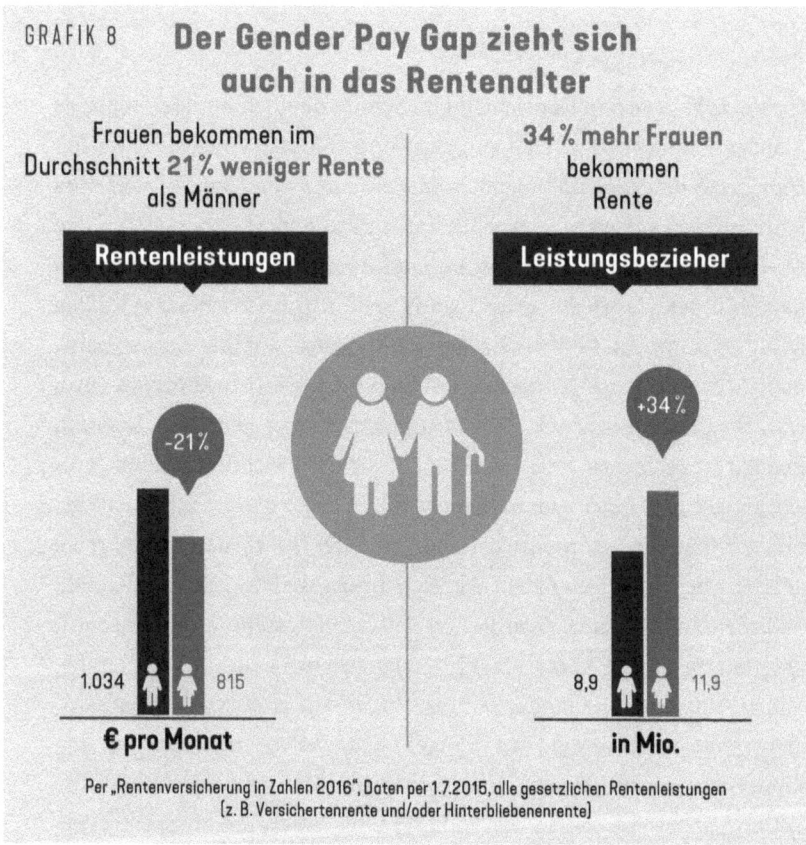

GRAFIK 8 **Der Gender Pay Gap zieht sich auch in das Rentenalter**

Frauen bekommen im Durchschnitt 21 % weniger Rente als Männer

34 % mehr Frauen bekommen Rente

Rentenleistungen

Leistungsbezieher

-21 %

+34 %

1.034   815

8,9   11,9

€ pro Monat

in Mio.

Per „Rentenversicherung in Zahlen 2016", Daten per 1.7.2015, alle gesetzlichen Rentenleistungen (z. B. Versichertenrente und/oder Hinterbliebenenrente)

Quelle: Statistik der deutschen Rentenversicherung, Barkow Consulting; Finanz-Heldinnen

Der Betrag könnte sich an seinen Beiträgen zur gesetzlichen Rente orientieren. Wahrscheinlich wäre das aber etwas zu heftig. Aber wie wäre es

als Messlatte mit den Entgeltpunkten, die Ihnen wegen der Teilzeit entgehen? Die Differenz könnten Sie für die Zukunft anlegen und sich selbst
zu einer besseren Rente verhelfen. Ich finde das nur fair, immerhin
melden Sie sich mit der Teilzeit auch mehr oder weniger von der Karriereleiter ab. Also verhandeln Sie ruhig mit Ihrem Partner. Er wird es verstehen, hoffe ich. Und wenn es ein bisschen Ärger gibt? Das ist es wert!
Es geht schließlich um Ihre finanzielle Zukunft, um Ihre finanzielle
Unabhängigkeit. Und wie gesagt: Hält die Beziehung, was ich Ihnen von
Herzen wünsche, haben Sie doch beide etwas davon.

Für Mütter wird das Thema Altersvorsorge immer wichtiger. Vor
allem Vollzeit-Mütter zahlen kräftig drauf! Dass Kinder viel kosten, ist
klar. Aber dass Frauen darüber hinaus ein Vermögen durch den Lohn-
verlust entgeht, verdrängen wir gern. Die Volkswirtin des Hamburgischen
Weltwirtschaftsinstituts, Christina Boll, hat es vorgerechnet: Eine Frau
mit mittlerem Bildungsstandard, die mit 30 Jahren ein Kind bekommt,
drei Jahre Elternzeit nimmt und dann noch drei Jahre halbtags arbeitet,
bevor sie wieder auf Vollzeit aufstockt, verliert im Vergleich zu einer
Vollzeitbeschäftigten knapp 200.000 Euro, bis sie 45 ist. Eine immense
Summe, die natürlich auch für den langfristigen Vermögensaufbau fehlt.
Die Ehe ist bei einer Scheidungsquote von knapp 40 Prozent ganz sicher
keine zuverlässige finanzielle Absicherung mehr. Sie müssen sich also
ein finanzielles Polster anlegen, um ein wenig entspannter in die Zukunft
blicken zu können. Je früher Sie anfangen, desto besser. Legen Sie also
weiter Geld zur Seite. Kündigen Sie bloß nicht Ihre bereits abgeschlossenen Verträge. Lassen Sie sie laufen, wenn Sie sich das irgendwie leisten
können. Bitten Sie Ihren Mann, die Verträge weiter zu besparen.

Denn auf die gesetzliche Rente können wir uns nicht verlassen. Wie
gering diese wahrscheinlich ausfällt, gibt es ab dem 27. Lebensjahr übrigens schwarz auf weiß. Denn dann sendet die Deutsche Rentenversicherung eine Renteninformation an alle Versicherten. Hier sollten Sie
genau überprüfen, ob alle Informationen inklusive Ihrer Ausbildung
ab dem 17. Geburtstag und den Kindererziehungszeiten vollständig

aufgeführt sind. Dafür müssen Sie einen Antrag auf Kontenklärung stellen, den es auf der Internetseite der Rentenversicherung gibt. Zum 1. Januar 2019 sind übrigens Verbesserungen bei der Mütterrente in Kraft getreten. Bislang wurden zwei Jahre Kindererziehungszeit für jedes Kind bei der Rente berücksichtigt, das vor 1992 geboren wurde. Jetzt wird bis zu ein halbes Jahr zusätzlich angerechnet. So wird sich die Rente der Berechtigten pro Kind in den alten Bundesländern um rund 16 Euro erhöhen, in den neuen Bundesländern um mehr als 15 Euro. Reich macht uns das aber auch nicht. Dass wir privat vorsorgen müssen, wird uns spätestens mit dem Schreiben der Rentenkasse sehr, sehr bewusst.

Riestern mit Kindern

Gerade für Mütter lohnen sich langfristige und sichere Anlageoptionen mit Steuervorteilen und Ersparnissen bei den Sozialabgaben. Eine staatlich geförderte Vorsorgeaufwendung auf freiwilliger Basis bietet beispielsweise die Riester-Rente. Sie erinnern sich: Es gibt Grundzulage in Höhe von 175 Euro im Jahr bei einer jährlichen Einzahlung von vier Prozent des Vorjahreseinkommens. Für jedes Kind, das bis Ende 2007 geboren wurde, gibt es 185 Euro, und für jedes Kind, das ab 2008 geboren wurde, besteht ein Anspruch auf eine Zulage von 300 Euro jährlich. Bei mehreren Kindern ist die Zulage oft höher als der Steuervorteil. So profitieren kinderreiche Familien von den Zulagen. Die Höhe Ihres Steuervorteils hängt von Ihrem Einkommensteuersatz ab: Sie können maximal 2.100 Euro im Jahr von der Steuer absetzen, Zulagen inbegriffen. Der geldwerte Steuervorteil, der sich daraus ergibt, wird mit den Zulagen verrechnet. Übrigens: Auch wenn Sie selbst gar nicht mehr arbeiten, können Sie riestern. Nämlich dann, wenn Ihr Mann Anspruch auf die Förderung hat. Falls Sie sich bisher noch nicht um eine betriebliche Altersvorsorge gekümmert haben, sollten Sie darüber noch einmal nachdenken, wenn Sie weiterhin arbeiten gehen. Warum übrigens nicht schon mit dem langfristigen Vermögensaufbau für den

Nachwuchs beginnen? Einen Teil des Kindergeldes könnten Sie beispielsweise in einen Fonds- oder ETF-Sparplan investieren. Das Studium nebst teurem Auslandsaufenthalt, die Ausbildung und das erste eigene Auto finanzieren sich damit fast von selbst.

Ein Haus für die Familie

Ehe, Karriere, Kinder und dann das Eigenheim als Krönung des Glücks. Die perfekte Lage, alles so gestaltet, wie wir es uns immer gewünscht haben – einfach herrlich. Der Traum von den eigenen vier Wänden ist allerdings oft ziemlich teuer, eine Belastung für das Budget und dadurch manchmal auch für die Beziehung. Überschulden Sie sich nicht. Rechnen Sie genau nach, wie viel Immobilie Sie sich leisten können. Kalkulieren Sie steigende Zinsen mit ein. Im Internet gibt es jede Menge tolle Tools, mit denen Sie Ihr Budget errechnen können. Spielen Sie damit auf jeden Fall ein bisschen herum. Baugeld mag historisch günstig sein, aber die Preise für Häuser und Wohnungen sind in den vergangenen Jahren massiv gestiegen. Seien Sie ehrlich zu sich selbst, wenn Sie errechnen, wie viel „Beton und Steine" Sie und Ihre Familie sich leisten können. Schließlich wollen Sie auch noch ab und zu in den Urlaub fahren, irgendwann ist ein neues Auto fällig und die Waschmaschine hält sicher nicht ewig. Übernehmen Sie sich also nicht.

Denken Sie bitte auch über eine Risikolebensversicherung nach. Stirbt ein Elternteil, muss der andere allein das Einkommen der Familie sichern. Alleinerziehend zu sein gehört zu den größten Armutsrisiken in Deutschland. Eine Risikolebensversicherung sichert Ihre Hinterbliebenen gegen Armut ab. Falls Sie einen Immobilienkredit noch nicht abbezahlt haben, ist die Versicherung ein Muss. Auch wenn Ihre Familie hauptsächlich von einem Gehalt lebt, ist ein Vertrag sinnvoll. Doch das sind nicht die einzigen Risiken.

Liebe und Immobilien passen nicht selten gar nicht gut zusammen. Scheidungsanwälte können ein Lied davon singen. Ist das Haus fertig, ist oft die Beziehung am Ende. Womit wir dann beim nächsten Problem sind. Ein Hausbau oder -kauf ist meist die größte Investition, die wir in unserem Leben tätigen. Wir werfen mit unglaublich großen Beträgen um uns, damit alles genau so wird, wie wir es wollen. Aber wir machen uns keine Gedanken, was passiert, wenn es mit der Beziehung nicht mehr klappt. Nicht selten müssen dann sogar die Gerichte klären, wer wie viel finanziert hat. Und wenn nur einer im Grundbuch steht? Eine Katastrophe. Experten raten deshalb: Egal wie rosarot wir uns die Zukunft in der Traumimmobilie vorstellen – wir sollten uns immer auch den Fall einer Trennung mitbedenken – vor allem, wenn man nicht verheiratet ist.

Wer mit seinem Partner eine Immobilie kauft, denkt oft nicht daran, dass die Beziehung in die Brüche gehen könnte. Warum auch? Schließlich erfüllt man sich gerade gemeinsam einen großen Traum. Wer denkt da an Trennung? Dennoch sollten Verheiratete genau das tun und noch vor Unterzeichnung des Kaufvertrags überlegen, wer dann das Haus behalten darf und die Schulden bezahlen muss. Denn wenn es kracht, sind die finanziellen Folgen oft dramatisch. Zwar bietet das Gesetz für solche Fälle recht praktikable Lösungen an: Wer, wie die meisten Paare, ohne Ehevertrag heiratet, lebt im gesetzlichen Güterstand der Zugewinngemeinschaft. Vermögen, das sie nach der Hochzeit zusammen erworben haben, also auch das Familienheim, muss somit aufgeteilt werden – Stichwort Zugewinnausgleich. Doch das kann zu erbitterten Streitigkeiten führen. Sie können eine Wohnung oder ein Haus schließlich nicht in der Mitte durchschneiden. Wenn Sie mit Ihrem Ehemann ein Haus kaufen, sollten Sie sich schon vor dem Gang zum Notar einige wichtige Fragen stellen. Wer soll im Grundbuch stehen? Sie, er, beide? Der Kaufvertrag für eine Immobilie muss notariell beurkundet und der neue Eigentümer im Grundbuch eingetragen werden, so will es das Gesetz. Wenn das Familienheim, wie so oft, der mit Abstand größte Vermögensposten des Paares ist, sollten sich beide im Grundbuch eintragen lassen, raten Experten. Dokumentieren Sie zudem, wer wie viel Eigenkapital in das Haus oder die Wohnung gesteckt hat – und wessen Eltern sich mit einer großzügigen Finanzspritze beteiligt haben. Schießen nämlich Eltern Geld für den Hauskauf zu, ist es wichtig, dass sie das Geld nur ihrem leiblichen Kind zukommen lassen. Das hat einen guten Grund: Bei einer Scheidung werden Schenkungen aus dem Zugewinnausgleich herausgehalten. Ihr künftiger Ex-Mann profitiert also nicht mehr unmittelbar von der Finanzspritze seiner ehemaligen Schwiegereltern.

Wenn Sie vor den Scherben Ihrer Ehe stehen, was ich Ihnen natürlich nicht wünsche, wollen Sie bestimmt nicht länger als möglich mit Ihrem Ex unter einem Dach wohnen. Aber wer muss eigentlich ausziehen, wenn es in der Ehe kriselt? Keiner. Denn grundsätzlich haben Eheleute das Recht, bis zur rechtskräftigen Scheidung in der gemeinsam erworbenen Wohnung zu leben. Theoretisch kann also auch in einer zerrütteten Beziehung jeder darauf bestehen, im Familienheim wohnen zu bleiben. Das passiert in Städten mit extrem angespanntem Wohnungsmarkt gar nicht mal so selten. Wenn Sie es aber nicht aushalten, mit Ihrem Ex unter einem Dach zu leben, können Sie beim Familiengericht beantragen, dass Ihnen die Immobilie zur alleinigen Nutzung zugewiesen wird. Das klappt jedoch nur, wenn Sie überzeugend darstellen, warum Sie die Wohnung für sich allein brauchen und die WG mit dem Noch-Gatten unzumutbar ist. Im Juristendeutsch heißt das „unbillige Härte". Das ist allerdings nicht so einfach. Es muss schon einiges vorgefallen sein, um den Ex aus der Wohnung werfen zu können. Übermäßiger Alkoholgenuss in Verbindung mit diversen Handgreiflichkeiten wäre ein solcher Härtefall. Aber auch psychische Gewalt oder eine extrem beengte Wohnsituation können eine Zuweisung zur alleinigen Nutzung rechtfertigen. Und natürlich ist es auch „unbillige Härte", wenn das Wohl der gemeinsamen Kinder gefährdet ist.

Je nachdem, wann Sie das Haus oder die Wohnung gekauft haben und wann Ihnen Ihre Ehe um die Ohren fliegt, ist die Immobilie natürlich noch nicht schuldenfrei. Wer haftet also nach der Trennung? Die Antwort ist einfach: Grundsätzlich immer der, der den Darlehensvertrag unterschrieben hat. Da Banken bei normalen finanziellen Verhältnissen meist darauf bestehen, dass beide Partner unterschreiben, sind streng juristisch auch beide in der Pflicht – und müssen dafür sorgen, dass die Raten regelmäßig beglichen werden. In der Praxis sind die Dinge aber oft komplizierter, etwa weil ausgerechnet der Hauptverdiener auszieht. Und das ist eben oft derjenige, der in der Vergangenheit für die Tilgung aufkam. In diesem Fall werden Sie sich einigen müssen. Wenn Sie im Haus wohnen bleiben wollen, aber nicht die Mittel haben, die Hälfte der jährlichen Zinsen und Tilgungsraten zu übernehmen, werden Sie wohl auch einen Unterhaltsanspruch haben. In diesem Fall muss das Gericht den Wohnwert des Familienheims bei der Berechnung des Trennungs-unterhalts berücksichtigen und die Unterhaltszahlungen entsprechend niedriger ansetzen. Etwas anderes gilt, wenn die Partner finanziell eben-bürtig sind. Dann müssen beide ihren Anteil am Schuldendienst leisten. Zusätzlich steht dem Partner, der aus dem gemeinsamen Heim auszieht, eine Nutzungsentschädigung zu, weil er sein Eigentum nicht mehr be-wohnen kann.

Die Immobilie gehört nach der Scheidung also immer demjenigen, der im Grundbuch steht. Sind das Sie und Ihr Ex, stellt sich die Frage, wer das Haus behalten und den anderen auszahlen kann, will oder muss. Einigen Sie sich nicht oder fehlen die nötigen Mittel, muss die Immo-bilie verkauft oder vermietet werden. Der letzte Fall ist eigentlich nur für Paare sinnvoll, die trotz der Scheidung noch gut miteinander aus-kommen. Denn in dieser Konstellation teilen sich die beiden sowohl die Mieteinnahmen als auch die Kosten, die das Haus verursacht. Ein solches Projekt zu betreiben, wenn man sich eigentlich ständig an die Kehle gehen will, ist keine gute Idee. Ein bisschen komplizierter ist das Thema „gemeinsame Immobilie" übrigens, wenn Sie nicht verheiratet sind. Denn das Gesetz behandelt Unverheiratete bekanntlich grundsätzlich wie Fremde. Wer mit seinem nichtehelichen Partner das Abenteuer Hauskauf angehen will, muss sich also seine eigenen Sicherheiten schaf-fen. Wichtig ist es vor allem, genau zu dokumentieren, wer wie viel Geld und welche Eigenleistung in das Haus investiert hat.

So viele Wenn und Aber, so viele Fallstricke, mögliche Katastrophen und finanzielle Einschnitte. Natürlich kann man sich nicht immer und gegen alles absichern und schützen, aber die großen Risiken sollten einfach berücksichtigt werden. Niemand denkt bei der Hochzeit gern über eine mögliche Scheidung nach. Niemand möchte sich bei der Erfüllung eines so großen Wunsches wie der gemeinsamen Immobilie schon Gedanken machen, was passiert, wenn die Beziehung zerbricht – genauso wenig wie wir über unseren Tod und die finanziellen Folgen für unsere Hinterbliebenen nachdenken möchten. Das ist nur menschlich. Trotzdem müssen wir diese Themen angehen. Und wie so oft, wenn es um Finanzen geht, besser früher als später. Das Schöne ist: Wenn wir alles geregelt haben oder uns – beispielsweise im Falle der Nachlassplanung – bewusst für die gesetzliche Regelung entschieden haben, dann ist erst einmal Ruhe. Dann können wir unsere Ehe und Partnerschaft, die Zeit mit dem Nachwuchs, das Traumhaus genießen. Und das ist doch eigentlich unser Ziel. Auch das ist ein Teil von finanzieller Freiheit: zu wissen, was im Fall der Fälle passiert, und zu wissen, dass alles gut geregelt ist.

RÜCKSCHLÄGE WEGSTECKEN
UND NOCH EINMAL DURCHSTARTEN

Es gibt Phasen, da fliegt uns scheinbar unser ganzes Leben um die Ohren. Die Partnerschaft zerbricht, der Job ist weg, die eigene Firma geht pleite – das ganz große Drama. Oder wir hinterfragen schlicht unseren bisherigen Lebensentwurf und wollen einfach nur raus, alles anders machen, neu anfangen. Egal ob „verliebt, verlobt, verlassen", der Rausschmiss, das geschäftliche Scheitern oder einfach ein selbst gewünschter Neustart – wenn unser ganzes Leben auf einmal infrage gestellt wird, dann ist das ein Einschnitt. Im schlimmsten Fall heißt das: Zurück auf Los! Zumindest fühlt es sich so an.

Eine Scheidung, der Jobverlust oder die Pleite – das alles belastet uns. Und es schadet uns finanziell. Wenn Sie bereits vorgesorgt, ein kleines Vermögen aufgebaut haben, dann trifft es Sie hoffentlich nicht so hart. Aber es wird so manche Einschnitte geben. Und mitunter könnten diese sehr, sehr bitter sein. Wir müssen uns neu sortieren, unser Leben und unsere Finanzen neu ordnen. Das kann im Zweifelsfall heißen, dass Sie noch einmal ganz von vorn anfangen. Sie ahnen es bereits: Sie müssen einen Kassensturz machen, schon wieder. Wenn auf einmal alles anders ist, dann brauchen Sie unbedingt einen guten Überblick über Ihre Finanzen. Sie müssen Ihren Status quo ermitteln, Ihr Budget planen, bestehende Verträge überprüfen, Risiken absichern, Ihre Altersvorsorge anpassen, eventuell einen neuen Notgroschen anlegen.

Vor allem nach einer Trennung und Scheidung gibt es viel zu organisieren und zu verhandeln, falls Sie keine Vorkehrungen für den

Ernstfall getroffen hatten. Aber selbst dann: Umzug in eine neue Wohnung oder Auszug des Partners, Versicherungspolicen umschreiben oder neue Verträge für Haftpflicht, Hausrat und Co abschließen – es gibt viel zu tun. So ein Neustart (und nichts anderes ist es ja) will organisiert werden. Eine Scheidung trifft Frauen, die nicht arbeiten, finanziell oft besonders hart. Zwar bekommen sie durch einen Versorgungsausgleich einen Teil der Rentenansprüche ihres Mannes. Auch ein Teil des Zugewinns an Vermögen, der während der Ehe erzielt wurde, steht ihnen zu. Aber nicht immer reicht das, um ihnen ein eigenes Einkommen zu sichern. Wer mit 50 oder 55 geschieden wird, muss noch lange auf die Rente warten und wird ohne Vermögen schnell zu einem Fall für Hartz IV. Aber so weit muss es natürlich nicht kommen. Vor allem dann nicht, wenn Sie sich in den vergangenen Jahren um Ihre finanziellen Angelegenheiten gekümmert haben. Und selbst wenn das nicht der Fall war, können Sie noch gegensteuern. Aber der Reihe nach.

Verliebt, verlobt, verheiratet – getrennt

Wenn Sie und Ihr Mann sich trennen und Sie weniger Einkommen als Ihr Mann haben, dann haben Sie für die Dauer der Trennungszeit automatisch Anspruch auf Unterhalt. Verdienen Sie mehr, müssen Sie Ihrem Ex diesen Trennungsunterhalt zahlen. Dabei ist unerheblich, ob der geringer verdienende Partner auch von seinem eigenen Gehalt allein leben könnte. Der Trennungsunterhalt dient dazu, Ihnen oder Ihrem Ex während der Trennungsphase einen Lebensstandard zu ermöglichen, der mit der Ehe vergleichbar ist. Prinzipiell wird deshalb aus den Einkommen beider Partner ein Gesamteinkommen ermittelt und durch zwei geteilt. Ist ein Partner Alleinverdiener, darf er vier Siebtel seines Einkommens behalten, erhält also ein Siebtel mehr als der nicht erwerbstätige Partner. Derjenige, der vom anderen Unterhalt bezieht, ist in der Regel nicht verpflichtet, sich Arbeit zu suchen und seinen Lebensunterhalt vollständig selbst zu bestreiten. Dieser Trennungsunterhalt muss gezahlt werden, bis Ihre Scheidung rechtskräftig wird. Danach besteht unter Umständen ein Anspruch auf nachehelichen Unterhalt, der sich ähnlich, aber nicht immer genauso wie der Trennungsunterhalt berechnet.

Beim Unterhalt hat sich einiges geändert und das könnte Sie hart treffen. Seit Januar 2008 ist ein viel diskutiertes Gesetz in Kraft. Sein zentraler Gedanke: Jeder ist für sich selbst verantwortlich. Nach dem dritten Geburtstag des jüngsten Kindes muss Betreuungsunterhalt nur gezahlt werden, wenn das der „Billigkeit" entspricht. In der Praxis heißt das: Niemand kann vorhersagen, ob und wie lange ein Gericht dem Ex-Partner Unterhalt zugesteht. Eine Frau muss auch nach langer Ehe jede Arbeit annehmen, die ihrer Ausbildung entspricht. Für eine geschiedene Anwaltsgattin ist es also im Zweifel zumutbar, wieder als Sekretärin zu arbeiten, wenn das ihr erlernter Beruf ist. Ihr Gehalt wird dann als ausreichende, angemessene Lebensgrundlage angesehen – selbst wenn ihr Lebensstandard unter dem liegt, den sie in der Ehe gewöhnt war. Wer allerdings nachweisen kann, dass er beruflich wesentlich weiter gekommen wäre, wenn er Single geblieben wäre, kann Ausgleich durch Unterhalt verlangen. Das gilt ebenso für sehr lange Ehen. Dabei muss besonders berücksichtigt werden, inwieweit sich die Ehe auf die Möglichkeit ausgewirkt hat, für den eigenen Unterhalt zu sorgen. Zum Beispiel wenn sich das Paar bewusst für das klassische Familienmodell – einer kümmert sich um die Familie, der andere um das Geld – entschieden hat. In diesem Fall empfiehlt der Gesetzgeber, den Unterhaltsanspruch nach und nach „abzuschmelzen". Sie sehen schon, das ist butterweich. Es liegt im Zweifelsfall im Ermessen des Richters, wie viel und wie lange Ihnen (oder Ihrem Ex) Unterhalt zusteht. Verlassen Sie sich besser nicht darauf, künftig von der monatlichen Überweisung durch den Ex leben zu können.

Normalerweise muss nach der Scheidung jeder Partner möglichst bald wieder versuchen, für sich selbst zu sorgen. Unterhalt bekommen Sie von Ihrem Ex nur dann, wenn Sie auf dem Arbeitsmarkt keine Chance haben – etwa weil Sie krank sind oder nach vielen Jahren Tätigkeit im Haushalt den Anschluss an das Berufsleben verloren haben. Eine Ausnahme ist der Betreuungsunterhalt: Wer sich zu Hause um die Kinder aus der Ehe kümmert, darf vom anderen Elternteil finanzielle Unterstützung verlangen. Dabei gilt jedoch: Nur solange die Kinder tatsächlich Betreuung brauchen, besteht der Anspruch auf Unterhalt. Ist das jüngste Kind drei Jahre alt und kann in den Kindergarten gehen, ist der Mutter in der Regel ein Halbtagsjob zuzumuten. Ist das jüngste Kind acht Jahre alt, verpflichten viele Gerichte die Mutter, Vollzeit zu arbeiten. Diese Entscheidungen sind jedoch stark vom Einzelfall abhängig. Bei behinderten oder schwer erziehbaren Kindern beispielsweise kann der Anspruch auf Betreuungsunterhalt noch sehr viel länger bestehen. Hat der Ex-Partner inzwischen eine neue Familie gegründet, erhalten zuallererst die minderjährigen Kinder finanzielle Unterstützung, egal ob sie aus der neuen oder der alten Beziehung kommen. Dann erst die Partner und Ex-Partner. Das gilt auch, wenn ein Ehevertrag geschlossen wurde, aber das Geld nicht reicht.

Alleinerziehend: Risiko Kinderarmut

Wie viel Unterhalt Alleinerziehende vom anderen Elternteil für die gemeinsamen Kinder verlangen können, können Sie der „Düsseldorfer Tabelle" entnehmen. Die Höhe des Unterhalts ist abhängig vom Alter des Kindes und vom Einkommen des Elternteils, der den Unterhalt zahlen muss. Das Oberlandesgericht Düsseldorf aktualisiert diese Tabelle in regelmäßigen Abständen. Die Düsseldorfer Tabelle ist nicht gesetzlich verankert – sie dient allein dazu, dass die Richter in den verschiedenen Bundesländern die Unterhaltsansprüche in ähnlichem Umfang zusprechen. In Einzelfällen können die Richter von den Vorgaben der Tabelle abweichen.

Jedes fünfte Kind in Deutschland ist übrigens arm. Viele von ihnen leben bei armen Müttern: 90 Prozent der Alleinerziehenden sind Frauen. Jede dritte von ihnen ist arm, hat rund 1.000 Euro im Monat, um sich und ein Kind zu versorgen. Das verfügbare Durchschnittseinkommen von

Vätern dagegen steigt nach einer Trennung. Während über den Gehalts-unterschied zwischen Männern und Frauen, den „Gender Pay Gap", oft diskutiert wird, spricht über den „Gender Wealth Gap" kaum jemand. Die Hälfte der Menschen in Deutschland hat weniger als 17.000 Euro Vermö-gen, wenige Reiche haben Milliarden. Die Daten sind zwar unzureichend, aber klar ist: Männer besitzen mehr Vermögen als Frauen. Da wundert es wenig, dass die Rankings der Reichen und Superreichen männlich domi-niert sind. Wenn es eine Frau auf die vorderen Plätze schafft, wie Susanne Klatten oder Liz Mohn, ist sie meist Erbin oder Witwe. Auch das ist be-zeichnend. Wir sollten dringend daran arbeiten, das zu ändern! Unter anderem, indem wir uns stärker um unseren Vermögensaufbau kümmern.

Mit der Scheidung werden auch die Rentenansprüche neu verteilt, die beide während der Dauer ihrer Ehe erworben haben. Beim Versor-gungsausgleich geht es – analog zum Vermögensausgleich – darum, diese Ansprüche aufzuteilen. Wie hoch die Rentenanwartschaften sind, richtet sich danach, wie viel und wie lange ein Berufstätiger eingezahlt hat. Ein Ehegatte, der für die Familie beruflich zurücksteckt, erwirbt weniger Ansprüche als derjenige, der über die gesamte Dauer der Ehe hinweg Vollzeit arbeitet. Dieses Ungleichgewicht soll der Versorgungs-ausgleich beheben.

Berücksichtigt werden Ansprüche aus der gesetzlichen Rentenversi-cherung, der Beamtenversorgung, berufsständischen Versorgungen, Betriebsrenten und private Rentenversicherungen, die die Ehegatten während der Ehe erworben haben. Jeder Versicherte hat das Recht, von seinem Versorgungswerk jederzeit die aktuelle Berechnung seiner Ren-te zu erfahren. Die Ehegatten haben gegeneinander ebenfalls einen Anspruch auf Auskunft, wie hoch die Rentenansprüche des anderen sind. Vereinfacht funktioniert der Versorgungsausgleich so: Zugrunde gelegt wird die Rente, die jeder der Ehegatten bekommen würde, wenn sie am Tag der Scheidung in den Ruhestand gehen würden. Die Differenz zwischen den beiden Beträgen wird durch zwei geteilt; eine Hälfte erhält der Partner mit den geringeren Ansprüchen. Auf diese Weise sind am

Tag der Scheidung die Rentenansprüche beider Partner gleich hoch. Beim Versorgungsausgleich wird kein Geld überwiesen; es werden lediglich Ansprüche auf die spätere Rente von einem Rentenkonto auf das andere übertragen.

Das ist fair und sieht dann auch erst einmal ganz gut aus. Vor allem wenn Sie zuvor in Teilzeit gearbeitet haben, macht Ihr Rentenkonto einen ordentlichen Sprung nach oben. Aber lassen Sie sich davon nicht täuschen. Wenn Sie weiter in Teilzeit arbeiten und weiterhin viel weniger verdienen als Ihr Ex, dann wächst das Rentenkonto weiter im Schneckentempo.

Neustart im Job

Ob Sie nun nach einer Scheidung wieder (mehr) arbeiten gehen müssen oder aber die Kinder so groß sind, dass Sie wieder arbeiten wollen: Die Rückkehr in den Beruf ist bei Frauen oft holprig. Wer nur Teilzeit arbeitet, hat es einfach schwerer und meldet sich unbewusst auch von der Karriereleiter ab. Chefinnen in Teilzeit? Das ist noch seltener als weibliche Führungskräfte (in Vollzeit) überhaupt. Kämpfen Sie, verhandeln Sie, netzwerken Sie! Letzteres ist besonders wichtig. Denn das hilft Ihnen, sich ein „Standing" und vor allem Kontakte aufzubauen. Nutzen Sie zudem die Möglichkeiten der Agentur für Arbeit. Sie bietet Schulungen und Weiterbildungen an. Gerade wenn Sie in den vergangenen Jahren nicht gearbeitet haben, sollten Sie sich auf den neuesten Stand bringen. Lesen Sie viel, recherchieren Sie, suchen Sie nach Chancen. Einfach ist so ein Wiedereinstieg nach vielen Jahren daheim sicher nicht, da müssen Sie sich nichts vormachen. Aber er kann gelingen.

Einer dieser gravierenden Einschnitte, die uns bei unserer Lebensplanung und auf dem Weg zu finanzieller Unabhängigkeit ausbremsen, kann natürlich ganz unabhängig vom Beziehungsstatus auch der Verlust des Jobs sein. Egal, auf welcher Karrierestufe Sie stehen, egal, warum Ihnen gekündigt wird, es tut erst einmal weh. Aber vielleicht ist eine solche Trennung letztendlich sogar eine Befreiung, ein unfreiwilliger, aber schließlich doch wunderbarer Neustart. Sehen Sie das Ganze als Chance. Überlegen Sie, wo Sie hinwollen, welche (Karriere-)Ziele Sie einmal hatten. Ein neuer Job kann der Weg dahin sein. Und wenn Sie selbst beschließen, Ihrem Arbeitgeber den Rücken zu kehren, dann ist das sowieso der Startschuss für Neues: für einen neuen Job, aber vielleicht auch für die Selbstständigkeit. Letzteres war bei mir so.

So ein Neustart will jedoch gründlich geplant sein. Ich habe meinen Notgroschen in den Monaten vor dem Neustart mächtig hochgeschraubt. Und ich habe mein Budget überprüft, Versicherungspolicen wie die Haftpflicht angepasst, mich über alternative Tarife bei der privaten Krankenversicherung informiert und meine Altersvorsorge komplett neu aufgesetzt. Da ich mich dagegen entschieden habe, freiwillig in die gesetzliche Rentenversicherung einzuzahlen – die Rendite war mir einfach zu gering –, brauchte ich Alternativen. Mit der bisher erreichten Rente, meiner Lebensversicherung und meinen ETF-Sparplänen war ich zwar nicht ganz so schlecht unterwegs. Aber es hätte nicht gereicht. Denn ich sammle ja keine Entgeltpunkte mehr für die gesetzliche Rente an, sie steigt also nicht mehr. Als leidenschaftliche Aktionärin würde ich ja am liebsten ausschließlich in Aktien investieren. Langfristig sicher sehr gewinnbringend, aber trotzdem keine gute Idee. Ich muss natürlich auch mein Langlebigkeitsrisiko absichern. Wenn ich 90 Jahre und älter werde, was ich sehr hoffe, muss ich schließlich finanziell auch noch klarkommen. Schließlich wird das Leben mit dem Alter nicht billiger, vor allem dann nicht, wenn wir pflegebedürftig werden. Das passiert Frauen übrigens eher als Männern – einfach weil wir älter werden.

So ein Einschnitt im Leben ist eine gute Gelegenheit, um zu schauen, wo man steht. Wie viel haben wir schon erreicht? Welche Verträge laufen und wie lange noch? Wie sind die prognostizierten Ergebnisse? Was machen unsere Fonds- und ETF-Sparpläne? Was macht das Depot? Wie hoch ist eigentlich die bisher erreichte gesetzliche Rente? Das alles wissen wir nämlich eigentlich nie. Deshalb tut ein Kassensturz (wieder einmal) ganz gut. Weil wir dann erfahren, wie es um unsere Finanzen bestellt ist. Vielleicht sind ja auch gerade Girokonto oder Tagesgeldkonto mehr als prall gefüllt, weil wir eine Abfindung vom Ex-Arbeitgeber bekommen haben oder der Ex ein beachtliches Sümmchen überweisen musste. Dieses Geld sollten wir anlegen und nicht einfach nur herumliegen lassen. Natürlich wie immer passend zu Anlagehorizont, Ziel und Risikotoleranz.

Altersvorsorge 50 plus

Je älter Sie sind, desto wichtiger wird es, dass Sie sich noch einmal um Ihre Altersvorsorge kümmern. Nach einer Scheidung, nach einem Jobverlust oder der Existenzgründung haben sich die Parameter verändert. Je nachdem, wie alt Sie sind und wie viel Sie bereits vorgesorgt haben, wird das Thema immer dringender. Aber auch ohne irgendwelche massiven Veränderungen in Ihrem Leben macht es Sinn, alle zehn oder 15 Jahre einen Kassensturz in Sachen Altersvorsorge zu machen. Spätestens mit 50 sollten Sie dies auf jeden Fall tun. Werden die gesetzliche Rente und das bislang privat Angesparte reichen, um das Leben im Alter zu finanzieren? Bis zum Ruhestand sind es jetzt noch 15 bis 17 Jahre. Es bleiben also noch ein paar Jahre, um mögliche Lücken zu schließen.

Wie Sie das anstellen, hängt wie immer von Ihrer Risikoneigung ab. Klar, Sie haben nicht mehr viel Zeit, also sollte die Rendite möglichst hoch sein. Aktien wären eine gute Wahl. Aber Sie müssen die Schwankungen ertragen können. Gerade wenn aber der Tag X naht, an dem Sie das Geld zwingend brauchen, ist das nicht mehr so einfach. Wenn Sie zu hohe Risiken eingehen, kann es gefährlich werden. Trotzdem wird es ohne Aktien nicht gehen, jetzt noch die Lücke zu schließen. Fonds und börsengehandelte Indexfonds statt niedrig verzinster Sparpapiere rücken daher in den Fokus. Sie wissen ja bereits: Mit weltweit streuenden Fonds können Sie langfristig Renditen von bis zu acht Prozent im Jahr erzielen, vier oder fünf Prozent sind ebenfalls kurzfristiger möglich. Sie dürfen jedoch nie vergessen: Eine höhere Rendite ist immer auch mit höheren

Risiken verbunden. Oder um es in der Sprache der Börsianer zu sagen: „There is no free lunch."

Anders als jungen Leuten, die noch 25 oder 30 Jahre bis zum Renteneintritt vor sich haben, bleibt älteren Sparern möglicherweise nicht mehr genug Zeit, schwankende Kurse und schlechte Börsenphasen auszugleichen. Deshalb sollten Sie nur einen Teil Ihres Ersparten in Aktien investieren. Wie viel das ist, hängt von Ihrer finanziellen Situation ab und von Ihrer Risikoneigung. Jetzt gilt mehr denn je: Investieren Sie niemals Geld an der Börse, das Sie in den kommenden Jahren brauchen. Ihre Fonds- und ETF-Sparpläne lassen Sie aber bitte wie immer einfach weiterlaufen. Vielleicht hat Ihr Sparplan ja mittlerweile schon 30 Jahre auf dem Buckel. Das dürfte sich dann wirklich gelohnt haben. Wenn Sie nämlich 30 Jahre lang pro Monat 100 Euro in einen global investierenden Aktienfonds gespart haben, dann können Sie sich über eine durchschnittliche jährliche Rendite von knapp sechs Prozent freuen. Aus 36.000 Euro, die Sie eingezahlt haben, sind fast 100.000 Euro geworden. Klasse, oder?

Aktien sind und bleiben einfach eine tolle Anlageklasse, um langfristig Vermögen aufzubauen. Es gibt keine Anlageklasse, die mehr Rendite liefert – trotz aller Schwankungen. Ein Blick in die Vergangenheit bestätigt den Effekt. Das Deutsche Aktieninstitut hat die Entwicklung des Dax zwischen 1967 und 2015 analysiert und festgestellt, dass Verlustrisiken mit Aktieninvestments geringer wurden, je länger die Papiere im Depot lagen. Dafür wurden unterschiedlich lange Anlageperioden innerhalb dieses Zeitraums ausgewertet. Während Anleger bei einer sehr kurzen Haltedauer von einem Jahr in jedem dritten bis vierten Jahr einen Verlust hinnehmen mussten, stand bei nur zwei der 38 historischen Zehn-Jahres-Perioden ein Minus unter dem Strich. Wer seine Papiere mehr als zehn Jahre gehalten hatte, konnte das Verlustrisiko quasi vollständig eliminieren und eine wirklich gute Rendite einfahren. Aber Sie sollten bedenken: Aktienvermögen sichert keine lebenslange Rente, das Geld aus dem Verkauf ist irgendwann aufgebraucht.

Das ist bei privaten Rentenversicherungen anders. Das angesparte Kapital wandeln die Anbieter später in eine Rente um, die lebenslang ausgezahlt wird. Solche Policen gibt es auch als sogenannte Sofortrenten: Sie zahlen dann einmalig einen großen Betrag in die Police, den die Gesellschaft dann in einen lebenslangen finanziellen Zuschuss zum Altersgeld umwandelt. Das eignet sich zum Beispiel bei Erbschaften, Abfindungen oder großen Boni. Ob sich das allerdings lohnt, ist eine andere Frage. Der Garantiezins ist bekanntlich minimal. Rechnen Sie nach, vergleichen Sie Angebote. Das gilt vor allem dann, wenn Sie erst spät eine solche Police abschließen.

Prüfen sollten Sie zudem Ihre Möglichkeiten, staatlich gefördert für das Alter vorzusorgen. Die Riester-Rente bleibt natürlich ebenfalls interessant, wenn Sie schon älter sind, aber noch Kinderzulagen erhalten. Auch eine betriebliche Altersvorsorge kann unter Umständen infrage kommen – mit Blick auf die Steuern und Krankenversicherungsbeiträge, die auf die späteren Betriebsrenten fällig werden, lohnt der Abschluss aber meist nur, wenn sich der Chef an den Beiträgen beteiligt.

Wenn Sie sich selbstständig machen, sollten Sie über die Rürup-Rente nachdenken. Die Steuervorteile können wirklich immens sein, je nachdem, wie viel Sie verdienen. Mitunter ist es sinnvoll, freiwillig in die gesetzliche Rente einzuzahlen. Weil die Arbeitslosigkeit derzeit relativ niedrig ist und viele in die Rentenkasse einzahlen, steht die gesetzliche Rentenversicherung momentan nämlich gut da. Erst wenn die Babyboomer in zwölf bis 15 Jahren in Rente gehen, wird sie unter Druck geraten. Ich habe mich allerdings gegen diese Alternative und für die Rürup-Rente entschieden. Rechnen Sie einfach nach, lassen Sie sich beraten.

Wenn Sie sich nun gar nicht entscheiden können oder wollen, dann sparen Sie wenigstens. Auch wenn es dafür keine Zinsen mehr gibt, der Realzins sogar negativ ist, ist das besser, als gar keine Rücklagen zu haben. Sie sollten außerdem unbedingt Ihr Rentenkonto prüfen, falls Sie es bisher nicht getan haben. Sind alle für die Rentenberechnung relevanten

Zeiten erfasst? Fehlende Zeiten können Sie nachtragen lassen. Wenn Sie gerade Geld auf der hohen Kante haben, aber Ihre Immobilie noch nicht ganz abgezahlt ist, denken Sie über eine Sondertilgung nach, damit Sie im Alter mietfrei leben. Unter bestimmten Voraussetzungen können Sie bis 55 auch noch von der privaten Krankenversicherung in die gesetzliche wechseln. Etwa wenn Sie gerade Ihren Job verloren haben und sich selbstständig machen. Lassen Sie sich aber bitte auch hier beraten, ob das wirklich sinnvoll ist. Mitunter bietet Ihr privater Krankenversicherer günstigere Tarife an, in die Sie wechseln können.

Die Botschaft dieses Buches ist klar und ich kann Sie nur immer wieder wiederholen: Kümmern Sie sich um Ihre Finanzen. Überprüfen Sie alle paar Jahre Ihren Status quo und Ihre Ziele. Was haben Sie erreicht, wo wollen Sie hin? Denken Sie langfristig, aber passen Sie Ihre Strategie an neue Gegebenheiten an. Den ultimativen Weg zur finanziellen Freiheit gibt es nicht. Es sind viele kleine Schritte und jede Frau muss ihren eigenen Weg finden. Aber Sie sollten einen Überblick über die verschiedenen Varianten und Möglichkeiten haben. Wählen Sie aus, was zu Ihnen passt. Lassen Sie sich beraten, stellen Sie Fragen, Seien Sie kritisch. Und lassen Sie, das ist mir als überzeugter Börsianerin wichtig, die Anlageklasse Aktien nicht außen vor. In 10, 20 oder 30 Jahren werden Sie wissen, warum. Denn dann „ernten" Sie. Es reicht übrigens, wenn Sie Ihre Strategie alle zehn Jahre überprüfen. Gibt es größere Veränderungen in Ihrem Leben – Hochzeit, Geburt des ersten Kindes, Immobilienkauf, Scheidung, Jobverlust oder Existenzgründung –, müssen Sie natürlich Ihre finanzielle Situation und die Strategie für Ihren langfristigen Vermögensaufbau unbedingt überdenken. Ansonsten gilt: In der Ruhe liegt die Kraft. Lassen Sie Verträge laufen, freuen Sie sich über den Vermögenszuwachs.

Wer sich überhaupt nicht um seine Finanzen kümmert und Risiken einfach ignoriert, dem droht nicht nur Altersarmut, er kann sogar zum „Bumerang-Kind" werden. Zugegeben, dabei denkt man zuallererst an die Millennial-Generation. Also an junge Menschen, die es nach dem

Studium irgendwie nicht in die Berufswelt und damit Selbstständigkeit schaffen und aus Geldmangel wieder bei ihren Eltern einziehen. Oft ein Grauen für beide Generationen, aber das ist ein anderes Thema. Auch ältere „Kinder" kann dieses Schicksal ereilen. Ein prominentes Beispiel – zumindest in Großbritannien – ist Kate Muley. Sie berichtete vor einiger Zeit in der *Daily Mail*, wie es sie wieder zurück nach Hause verschlagen hat und wie sie sich damit fühlt. Immerhin hat sie eine beeindruckende Karriere als Autorin und Journalistin hingelegt und ist schon Mitte 50. Aber leider ist sie viel zu sorglos mit ihren Finanzen umgegangen, hat es sich lieber in der Gegenwart gut gehen lassen, anstatt sich um die Zukunft zu kümmern. Nun bekommt sie die Quittung. Sie lebt in London, einem ziemlich teuren Pflaster, und kann sich als freie Autorin weder die Mieten noch die Immobilienpreise leisten.

Als junge Frau hat sie ein glamouröses Leben geführt, berichtet sie. Sie war erfolgreich, hatte Dates, aber geheiratet hat sie nie. Sie sei jung und idealistisch gewesen, habe für den Moment gelebt und sich wenig Sorgen um die Zukunft gemacht. Heute weiß sie: ein Fehler. Nachdem ihre Beziehung mit einem reichen Banker in die Brüche gegangen war, traf sie ihre Sorglosigkeit aus früheren Jahren doppelt hart. Sie konnte sich keine Wohnung leisten. Und so landete sie wieder im Haus ihres Vaters, wurde zum „Bumerang-Kind". Ihm ist sie natürlich sehr dankbar, aber ihr Lebensentwurf war ein anderer. Nur hat sie sich nie um ihre finanzielle Freiheit gekümmert, die ihr diesen ermöglicht hätte.

Zugegeben, das ist ein extremes Beispiel. Aber es zeigt schon ziemlich deutlich, dass wir unsere finanzielle Lage, unsere finanzielle Zukunft nicht einfach „passieren" lassen dürfen.

MIT SPASS UND ZUVERSICHT IN DIE FINANZIELLE ZUKUNFT

3

Nun sind Sie dran! Hoffentlich konnte ich Sie motivieren, Ihre finanzielle Zukunft ab jetzt aktiv zu gestalten und sich um Ihren Vermögensaufbau zu kümmern. Vielleicht habe ich es sogar geschafft, aus einer Sparerin eine Aktionärin zu machen. Auf jeden Fall wissen Sie nun, welche Risiken es abzusichern gilt und wie Sie Ihren Zielen ein Stück näherkommen.

Natürlich kann ich Ihnen auf knapp 200 Seiten nicht jedes Geldanlage-Produkt und jede Versicherung im Detail vorstellen. Ich kann Ihnen nur einen Überblick vermitteln. Steigen Sie also bitte noch ein wenig tiefer in die Materie ein. Recherchieren Sie, rechnen Sie nach, lesen Sie weitere Finanzbücher und natürlich den Wirtschaftsteil der

Zeitung. Und lassen Sie sich beraten. Gerade Versicherungsverträge sind sehr kompliziert, das Kleingedruckte verstehen nur Profis.

Stellen Sie einen Plan auf, machen Sie die ersten Schritte in die finanzielle Unabhängigkeit. Dazu liefere ich Ihnen auf den folgenden Seiten noch ein paar Checklisten und Tipps, wo Sie im Internet wertvolle Informationen finden.

CHECKLISTEN

Die folgenden Checklisten und Fragenkataloge helfen Ihnen dabei, sich einen Überblick über Ihre Finanzen zu verschaffen und sie in den Griff zu bekommen. Es geht darum, Bilanz zu ziehen. Wie weit sind Sie auf Ihrem Weg bereits gekommen, welche Alltagsrisiken müssen Sie zwingend oder dringend absichern, welche wollen Sie zusätzlich absichern?

Welche Vorarbeiten Sie leisten müssen

- Erstellen Sie Ihr Budget mit allen Einnahmen und Ausgaben.

- Bauen Sie einen Notgroschen von drei bis fünf Nettogehältern auf einem separaten Konto auf.

- Erstellen Sie eine Liste mit allen Geldanlagen, Versicherungen und Vorsorgeprodukten, die Sie bereits abgeschlossen haben.

- Welche Ziele und Träume haben Sie?

- Und bis wann möchten Sie diese Ziele und Träume erreichen beziehungsweise wahr werden lassen?

- Wie möchten Sie in 10, 20 oder 30 Jahren und wie im Alter leben?

- Wie wird sich Ihre finanzielle Situation wahrscheinlich entwickeln?

- Erwarten Sie eine Erbschaft?

Welche Alltagsrisiken es abzusichern gilt

- **Haben Sie eine private Haftpflichtversicherung abgeschlossen?**
  Sie schützt vor den finanziellen Folgen von Personen-, Sach- und Vermögensschäden, die Sie anderen in Ihrem privaten Alltag und in Ihrer Freizeit zufügen.

- **Liegt eine Berufsunfähigkeitsversicherung vor?**
  Berufsunfähigkeit ist eines der größten Lebensrisiken und kann durch das wegfallende Einkommen existenzbedrohend sein.

- **Brauchen Sie wirklich eine Unfallversicherung?**
  Die Versicherung ist nicht unumstritten. Aber je nachdem, wie Sie leben, doch ratsam.

- **Wollen Sie Ihr Hab und Gut durch eine Hausratversicherung schützen?**
  Die Versicherung ist kein Muss, aber sinnvoll. Es passiert schneller etwas, als wir denken.

- **Haben Sie eine Rechtsschutzversicherung?**
  Gutes Recht ist teuer! Um Ihr Recht durchzusetzen, brauchen Sie fast immer einen Anwalt.

- **Ganz wichtig:** Überprüfen Sie die Verträge regelmäßig, mitunter gibt es auch günstigere und bessere Policen. Auch Ihre Lebensumstände können sich verändert haben.

Fragen, mit denen Sie Ihre Risikotoleranz ermitteln

- Wie wichtig ist Ihnen Geld?

- Welche Ziele haben Sie?

- Wann und in welcher Reihenfolge wollen Sie diese erreichen? Das heißt, welchen Anlagehorizont haben Sie?

- Wie viel Ihres Ersparten sind Sie bereit zu riskieren?

- Können Sie zwischenzeitliche Verluste ertragen?

- Wenn ja, bis zu welcher Höhe?

- Welche Rendite erwarten Sie beziehungsweise wollen (müssen) Sie erreichen?

- Wie sicher ist Ihr Job und damit Ihr Einkommen?

- Wie wichtig ist Ihnen Sicherheit und Planbarkeit bei der Geldanlage?

- Welche Erfahrungen haben Sie?

Welche Bausteine kommen für Ihren Vermögensaufbau und Ihre Altersvorsorge grundsätzlich infrage?

- **Aktien**
  Investieren Sie einen Teil Ihres Vermögens in Aktien – mittels Fonds- und ETF-Sparplänen und/oder Einmalanlagen.

- **Immobilien**
  Denken Sie über eine selbst genutzte oder eine vermietete Immobilie nach.

- **Riester-Rente**
  Überprüfen Sie, ob sich die Riester-Rente mit ihren Zulagen und Steuervorteilen für Sie lohnt.

- **Vermögenswirksame Leistungen**
  Bekommen Sie vermögenswirksame Leistungen? Nehmen Sie dieses Geschenk vom Chef auf jeden Fall mit.

- **Betriebliche Altersvorsorge**
  Fragen Sie Ihren Chef (oder die Personalabteilung), welche
  betriebliche Altersvorsorge Ihr Unternehmen anbietet und ob es
  diese finanziell unterstützt.

- **Rürup-Rente**
  Schauen Sie sich auch die Rürup-Rente
  mit Ihren Steuervorteilen an.

- **Private Rentenversicherung**
  Kommt eine private Rentenversicherung infrage?

Der regelmäßige Check

- Stimmen Ihre Ziele noch?

- Hat sich Ihr Leben verändert, beispielsweise durch Ehe, Kind,
  Scheidung, einen neuen Job oder Selbstständigkeit?

- Sind alle Risiken abgesichert – Stichwort Versicherungen?

- Was haben Sie bisher (finanziell) erreicht?

- Haben Sie mehr Budget, um Ihren Vermögensaufbau und
  Ihre Altersvorsorge weiter aufzustocken?

- Nutzen Sie alle „Geschenke", Steuervorteile und Zulagen
  bei der Altersvorsorge?

QUELLEN FÜR WEITERE INFORMATIONEN

Deutscher Fondsverband BVI

Natürlich ist der Deutsche Fondsverband BVI ein Lobbyist für die Branche. Es gibt jede Menge Informationen zu Regulierung und Co. Aber: Auch Privatanleger finden auf der Seite des BVI viel Wissenswertes zum Thema Kapitalanlage und Altersvorsorge. Es geht um Riester- und Rürup-Rente, um Fonds-Entnahmepläne, um Rentenirrtümer und natürlich um die betriebliche Altersvorsorge – natürlich immer mit Fondslösungen. Informationen zu Versicherungen gibt es hier nicht.

Sehr spannend sind vor allem die Statistiken zur Fondsentwicklung. Ob Einmalanlage, Fondssparen, VL-Sparen – Sie sehen, wie sich ein Investment über die Zeit entwickelt hätte, regelmäßig aktualisiert natürlich. Es gibt diese Information zu einzelnen Anlageklassen wie beispielsweise Aktienfonds mit Schwerpunkt Deutschland oder aber für einzelne Fonds. Das Ganze natürlich nicht nur für Aktienfonds, sondern auch für Renten-, Misch- oder Immobilienfonds. Absolut lesenswert ist die Serie „Finanzwissen für alle", die wertvolle Tipps zum Vermögensaufbau allgemein, aber auch zum Sparen mit Investmentfonds gibt.

www.bvi.de

Deutsches Aktieninstitut

Das Deutsche Aktieninstitut (DAI) macht sich stark für die Aktienkultur in Deutschland. Das ist die Aufgabe des Lobby-Verbandes. Seit 1953 vertritt das DAI die Interessen der kapitalmarktorientierten Unternehmen, Banken, Börsen und Investoren. Zu den Letzteren zählen auch Privatanleger. Und diese finden viel Wissenswertes rund um die Aktie auf der Internetseite.

Meine absolute Lieblingsgrafik zum Thema ist das Renditedreieck für den Dax und für das europäische Pendant Euro Stoxx. Die Renditedreiecke zeigen, dass sich mit einer breit gestreuten Aktienanlage attraktive Renditen erwirtschaften lassen und die Risiken dabei durchaus beherrschbar sind. Berechnet werden die Renditedreiecke in verschiedenen Varianten. Neben der Einmalanlage gibt es das Dax-Renditedreieck auch für die monatliche Geldanlage. Es visualisiert die Entwicklung von Aktien-, ETF- oder Fondssparplänen auf die großen deutschen Börsenwerte des Dax.

Außerdem gibt es auf der Seite des Aktieninstituts viele andere interessante Studien und Statistiken sowie Informationen zu aktuellen Themen. Auch für eine bessere Finanzbildung machen das DAI und seine Mitglieder sich stark. Eine Link-Liste führt Sie zu den Angeboten.

www.dai.de

Finanz-Heldinnen

Ich mag an diesem Punkt etwas voreingenommen sein, denn auch ich bin eine Finanz-Heldin und unterstütze die Initiative der Mitarbeiterinnen der Comdirect. Diese wollen Frauen zum Umdenken bewegen, sie dazu ermuntern, sich mit dem Thema Finanzen besser vertraut zu machen, und sie auf ihrem Weg zur finanziellen Unabhängigkeit unterstützen. Und das ist auch mein Ziel.

Das Onlinemagazin der Initiative bietet jede Menge Informationen – leicht verständlich und unterhaltsam aufbereitet. Ob Partnerschaft, Familie, Leben, Wohnen oder Karriere: Finanzen begegnen uns in jedem Bereich unseres Lebens. Und die Finanz-Heldinnen decken all diese Bereiche ab.

Außerdem werden dazu einige Veranstaltungen angeboten. Dazu zählen beispielsweise die regelmäßigen Afterworks in unterschiedlichen Städten – inklusive angeregter Diskussionen mit Finanz-Heldinnen und ihren Unterstützerinnen.

www.finanz-heldinnen.de

Finanztip

Das Internetportal von Hermann-Josef Tenhagen bietet jede Menge Nutzwert rund um das Thema Finanzen. Es geht nicht nur um Geldanlage, Kredite, Immobilienfinanzierung, Versicherungen, Steuern und Geld, Sie erfahren dort außerdem viel Wissenswertes zu den Themen Energie & Medien sowie Auto & Reise. Ob Girokonto, Altersvorsorge, Handytarif, Heizkosten oder Reiserecht – auf dieser Seite finden Sie einfach alles. Dazu gibt es Tarifvergleiche und -rechner, Details zu Verträgen, deren Abschluss und Kündigung und der aktuellen Rechtslage. Es schadet nicht, sich hier zu informieren, bevor Sie mit einem Berater sprechen oder gar einen Vertrag abschließen.

www.finanztip.de

FMH-Finanzberatung

Die Website der FMH-Finanzberatung bietet Informationen rund um Zinsen und Gebühren. Mithilfe vieler interaktiver Rechner finden Sie unter anderem die besten Offerten für Tages- oder Festgeld, die günstigste Baufinanzierung, das passende Girokonto oder Depot sowie den besten Ratenkredit. Dazu erhalten jede Menge Hintergrundwissen.

Diese Seite gehört auf jeden Fall in die Favoriten Ihres Browsers. Und übrigens: Die Tools von FMH finden Sie auf vielen Seiten im Netz, so zum Beispiel bei *Handelsblatt* und *Wirtschaftswoche*. Und auch in Tageszeitungen und Magazinen begegnen Ihnen die Zinsvergleiche der Frankfurter Experten regelmäßig.

www.fmh.de

Deutsche Rentenversicherung

Auch wenn klar ist, dass die gesetzliche Rente nicht ausreicht, ist sie doch ein wichtiger Baustein für unsere Altersvorsorge. Alle Informationen zum Thema gibt es auf der Seite der Deutschen Rentenversicherung. Spannend oder doch zumindest sehr erhellend ist der Rentenbeginn- und Rentenhöhenrechner. Weitere Themen auf der Seite sind die Erwerbsminderungsrente, Hinzuverdienstgrenzen sowei Mini- und Midijobber.

Auch die private Vorsorge darf natürlich nicht fehlen. Denn die Deutsche Rentenversicherung weiß natürlich, dass es ohne privaten Vermögensaufbau nicht reicht. Oder aber Rentner müssen hinzuverdienen. Auch dazu gibt es Informationen. Ebenso übrigens zu den Themen Rente & Scheidung und Rente & Ausland. Ein detailliertes Lexikon rundet das Angebot ab.

www.deutsche-rentenversicherung.de

GLOSSAR

Aktie

Eine Aktie ist ein Wertpapier, mit dem Sie einen Anteil an einem Unternehmen erwerben. Gehandelt werden Aktien an der Börse. Angebot und Nachfrage bestimmen den Preis.

Aktienindex

Ein Aktienindex bildet die Bewertung eines definierten Aktienportfolios zu einem bestimmten Zeitpunkt ab. Aktienindizes werden börsentäglich von Börsen, Banken, Beratungsfirmen, der Wirtschaftspresse oder anderen Finanzexperten berechnet, aktualisiert und publiziert. Sie bilden einzelne Marktsegmente, Branchen, Aktiengruppen oder bestimmte Themen und Trends ab. Die meisten Indizes sind kapitalgewichtet, die nach Börsenkapitalisierung größten Werte haben auch den größten Anteil im Index. Für Finanzinstrumente wie börsengehandelte Indexfonds, Zertifikate oder Optionen dienen Indizes als Basiswert und Bezugsgröße. Neben Aktienindizes gibt es unter anderem auch Renten-, Rohstoff- und Immobilienindizes.

Anleihe

Schuldverschreibung, die das Recht auf Rückzahlung des Nennwertes zuzüglich einer Verzinsung verbrieft. Anleihen werden von der „öffentlichen Hand", von Kreditinstituten oder von Unternehmen begeben und über Banken verkauft. Sie dienen dem Emittenten zur langfristigen Finanzierung durch Fremdkapital. Die wichtigsten Ausstattungsmerkmale einer Anleihe sind: Laufzeit, Zinszahlung und Art der Verzinsung. Die durch eine Anleihe verbrieften Rechte sind gesetzlich festgeschrieben, werden jedoch in der Regel durch zusätzliche Anleihekonditionen ergänzt. Nach der Art ihrer Verzinsung unterscheidet man Anleihen mit konstanter Verzinsung über die gesamte Laufzeit (Straight Bond), Anleihen mit variabler Verzinsung während der Laufzeit (Floater) sowie Anleihen ohne Nominalverzinsung (Nullkupon-Anleihe).

Baisse

Einen negativen Börsentrend mit nachhaltig fallenden Kursen, meist in allen Marktsegmenten, nennen Experten Baisse. Investoren in einem Baisse-Markt – auch Bärenmarkt („bear market") genannt – sind in der Regel pessimistisch eingestellt und nehmen Baisse-Positionen ein; beispielsweise verkaufen sie ihre Wertpapiere. Als Folge fallen die Kurse über einen längeren Zeitraum hinweg; entsprechend sind Baisse-Märkte durch rückläufige Indizes gekennzeichnet. Bei dem gegenläufigen Markttrend steigender Preise spricht man von einer Hausse oder einem Bullenmarkt („bull market").

Basisrente

Siehe „Rürup-Rente".

Berufsunfähigkeitsversicherung

Die private Berufsunfähigkeitsversicherung zahlt einem berufstätigen Versicherten eine Rente, wenn er wegen einer Krankheit oder eines Unfalls zu mindestens 50 Prozent berufsunfähig ist. Auch wer pflegebedürftig ist und mindestens unter Pflegestufe 1 fällt, gilt häufig als berufsunfähig – je nach vertraglicher Vereinbarung. Die Rente wird für die Dauer der beim Vertragsabschluss vereinbarten Versicherungslaufzeit gezahlt.

Blue Chips

Im Deutschen spricht man von Standardwerten, im Englischen von Blue Chips. Diese Papiere sind allgemein bekannte, sehr marktbreite Aktien von großen und ertragsstarken Unternehmen mit hoher Solidität. In Deutschland sind das in der Regel die Aktien aus dem Leitindex Dax. Ursprünglich bezeichnete der Begriff die blauen Spielchips, die im Casino den höchsten Wert haben.

Börsengehandelter Indexfonds

Börsengehandelte Indexfonds (Exchange Traded Funds, kurz: ETFs) bilden die Entwicklung eines Index wie beispielsweise des Dax eins zu eins ab. Börsengehandelte Indexfonds sind besonders günstig, da auf ein Fondsmanagement verzichtet wird (= passive Fonds). Dividenden werden meist zu mehreren Terminen an die Anteilseigener ausgeschüttet. Gegenüber Einzelaktien bieten Indexaktien den Vorteil einer breiten Risikostreuung. Im Vergleich zu Indexzertifikaten ist die Laufzeit unbegrenzt; das Emittentenrisiko entfällt. Geht die Bank oder Fondsgesellschaft pleite, die den ETF herausgegeben (emittiert) hat, ist das Geld der Anleger sicher.

Dax

Der Deutsche Aktienindex, kurz Dax, bildet die Wertentwicklung der 30 nach Marktkapitalisierung größten und umsatzstärksten deutschen Aktien ab, wird von der Deutschen Börse aus den Kursen dieser Aktien berechnet und ist der meistbeachtete Indikator für die Entwicklung des deutschen Marktes. Kriterien für die Gewichtung der Aktien im Dax sind Börsenumsatz und Marktkapitalisierung des Streubesitzes. Der Dax wird als Kurs- (ohne Dividenden) und Performance-Index (inklusive der Dividenden) sekündlich berechnet und aktualisiert.

Diversifizierung

Risikostreuung ist bei der Geldanlage Pflicht. Als Anlegerin sollten Sie Ihre Anlage über verschiedene Anlageklassen wie Aktien, Anleihen,

Rohstoffe und Immobilien, aber auch über verschiedene Risikoklassen wie etwa Wachstumsaktien und Dividendentitel streuen. Breit diversifizierte – so der Fachbegriff für die Risikostreuung – Depots schützen vor Risiken.

Dividende

Als Dividende bezeichnet man die regelmäßige Ausschüttung der Gewinne an die Aktionäre. Viele Anleger legen großen Wert auf diese jährliche, manchmal auch halbjährliche oder quartalsweise Zahlung. Die Zahlung einer Dividende wird von der Hauptversammlung einer Aktiengesellschaft beschlossen. Die Dividende wird als Geldbetrag oder als prozentualer Anteil am Unternehmensgewinn angegeben. Die Höhe der Dividende richtet sich in erster Linie nach dem Bilanzgewinn und der wirtschaftlichen Perspektive des Unternehmens. Trotzdem versuchen Unternehmen, ihren Aktionären eine gleichbleibende Dividende zu zahlen (Dividendenkontinuität). Dies soll in ertragsschwachen Phasen beruhigend auf die Investoren wirken und eine positive Ertragserwartung vermitteln.

Dividendenrendite

Teilt man die Dividende durch den aktuellen Aktienkurs multipliziert mit 100, erhält man die Dividendenrendite. Sie gibt die Verzinsung des investierten Kapitals in Prozent an und ist für viele Investoren eine wichtige Kennzahl. Die Dividendenrendite wird häufig in Bezug auf die Dividende des zurückliegenden Geschäftsjahrs in Relation zum aktuellen Kurs angegeben. Für künftige Jahre wird die Dividendenrendite aufgrund von Schätzungen der Analysten berechnet, Anleger erkennen diese Schätzungen an einem „e" für „estimated", also geschätzt.

Entgeltpunkte

Entgeltpunkte sind die zentrale Werteinheit in der gesetzlichen Rentenversicherung in Deutschland. Sie sind ein wichtiger Bestandteil der Rentenformel. Die Höhe der Entgeltpunkte ergibt sich unter anderem aus dem Verhältnis des Versicherteneinkommens zum Durchschnittseinkommen aller Versicherten.

Exchange Traded Fund (ETF)

Siehe „Börsengehandelter Indexfonds".

Fonds

Investmentfonds – oder kurz: Fonds – bündeln die Gelder vieler Anleger und investieren sie in Aktien, Anleihen und andere Anlageformen. Durch den Kauf von Fondsanteilscheinen werden Anleger Miteigentümer an einem Fonds. Mit einem relativ geringen Betrag investieren sie damit gleichzeitig in verschiedene Anlagen und verteilen so ihr Risiko. Durch die Vielschichtigkeit der verfügbaren Fonds steht Anlegern eine breite Auswahl an unterschiedlichen Anlageregionen, Branchen und Strategien zur Auswahl. Das Vermögen eines Fonds wird bei einer Depotbank verwahrt und bildet Sondervermögen, das vom eigenen Vermögen der Fondsgesellschaft getrennt gehalten und im Falle einer Insolvenz der Investmentgesellschaft nicht angetastet wird. Das Fondsvolumen steigt durch neue Einlagen von Anlegern und durch erwirtschaftete Kurs-, Dividenden- und/oder Zinsgewinne. Fonds können aktiv oder passiv gemanagt werden. Bei aktiv verwalteten Fonds verfolgt das Management eine eigene Strategie und versucht mit dieser, den zuvor festgelegten Vergleichsindex zu schlagen. Passiv verwaltete Fonds sind an die Wertentwicklung eines Index gekoppelt (siehe „Börsengehandelter Indexfonds").

Haftpflichtversicherung

Diese Police schützt vor den finanziellen Folgen von Personen-, Sach- und Vermögensschäden, die Sie anderen in Ihrem privaten Alltag zufügen. Denn wer einen Schaden verursacht, muss dafür geradestehen – im Extremfall mit seinem gesamten Vermögen. Die private Haftpflichtversicherung schützt den Versicherten und seine Familie vor Schadenersatzansprüchen. Dabei leistet sie mehr als bloß Ersatz für den materiellen

Schaden. Sie kommt beispielsweise auch für Verdienstausfall, Schmerzensgeld und eine lebenslange Rente auf.

Hausratversicherung

Mit dieser Versicherung schützen Sie Ihren kompletten Hausrat von Möbeln über Kleidung bis hin zu Elektrogeräten. Sie kommt unter anderem auf für Schäden durch Feuer, Blitzschlag, Einbruch und Diebstahl, Sturm, Leitungswasser und Überspannung.

Hausse

Ist der Börsentrend mit nachhaltig steigenden Kursen positiv, sprechen Anleger von einer Hausse. Diese resultiert aus einer überwiegend optimistischen Einschätzung der wirtschaftlichen Aussichten durch die Investoren. Der Wert bestehender Aktienpositionen steigt, Anleger gehen Engagements ein und kaufen Wertpapiere. Als Folge steigen die Kurse über einen längeren Zeitraum hinweg an; entsprechend sind Hausse-Märkte – auch Bullenmärkte genannt – durch anhaltend steigende Indizes gekennzeichnet.

Index

Ein Index bildet die Bewertung eines definierten Portfolios aus Aktien, Anleihen oder anderen Anlageformen zu einem bestimmten Zeitpunkt ab. Siehe auch „Aktienindex".

Investmentfonds

Siehe „Fonds".

Kurs-Gewinn-Verhältnis (KGV)

Das Kurs-Gewinn-Verhältnis (KGV) ist eine Kennzahl, die uns zeigt, wie viel ein Unternehmen pro Anteilschein verdient. Das KGV lässt sich ganz einfach bestimmen, indem Sie den Aktienkurs durch den Gewinn pro Aktie teilen. Auf das gleiche Ergebnis kommen Sie übrigens, wenn

Sie die Marktkapitalisierung des Unternehmens durch den Unternehmensgewinn dividieren.

MSCI

MSCI Inc. ist ein amerikanischer Finanzdienstleister. MSCI gibt eine Vielzahl verschiedener Aktienindizes heraus, die nach unterschiedlichen Kriterien zusammengesetzt werden, zum Beispiel nach Ländern, Regionen oder der Marktkapitalisierung der Aktien. Sie werden von vielen Investmentfonds und privaten Anlegern als Vergleichsmaßstab (Benchmark) für die Entwicklung der Rendite eines Portfolios verwendet. Außerdem sind sie Basis vieler Indexfonds (ETFs). Bekannteste Indizes sind der MSCI World, ein Aktienindex auf die größten Werte aus den Industrienationen, und der Schwellenländer-Index MSCI Emerging Markets.

Private Rentenversicherung

Die private Rentenversicherung ist ein möglicher Baustein, um für das Alter finanziell vorzusorgen. Sie erhalten eine lebenslange Rente, die sich aus Ihren eingezahlten Beiträgen, einem garantierten Zinssatz und den erwirtschafteten Überschüssen des Unternehmens zusammensetzt. Sie können zwischen verschiedenen Vertragsvarianten wählen. Dabei sparen Sie Ihr Vorsorgekapital während der Vertragslaufzeit an.

Riester-Rente

Die Riester-Rente ist eine staatlich geförderte private Altersvorsorge. Der Staat stockt Ihre Einzahlungen durch Zulagen auf. Diese setzen sich aus einer Grund- und einer Kinderzulage zusammen. Die Zulagen werden direkt auf den Riester-Vertrag überwiesen. Vor allem Familien und Bezieher geringer Einkommen profitieren von den Zuschüssen, die der Staat zahlt. Darüber hinaus können die eingezahlten Beiträge als Sonderausgaben bei der Einkommensteuer geltend gemacht werden.

Rürup-Rente

Die Rürup-Rente, auch Basisrente genannt, ist Teil der privaten Altersvorsorge und funktioniert nach dem Prinzip der Kapitaldeckung. Der
Kunde schließt einen Vorsorgevertrag mit garantierten Leistungen und
einer Überschussbeteiligung ab. Im Alter erhält der Versicherte lebenslang eine monatliche Rente (Leibrente). Selbstständige, aber auch Festan-
gestellte können mit der Basisrente die Versorgungslücke im Alter
schließen, Steuervorteile nutzen und über Zusatzbausteine Lebensrisiken
wie Erwerbs- und Berufsunfähigkeit absichern. Generell ist jeder förde-
rungsberechtigt, der einkommensteuerpflichtig ist.

Risikostreuung

Siehe „Diversifizierung".

Standardwerte

Siehe „Blue Chips".

Value

„Werthaltige" (Value-)Aktien zeichnen sich durch einen niedrigen Buchwert, ein niedriges Kurs-Gewinn-Verhältnis und eine hohe Dividendenrendite aus – im Gegensatz zu Wachstumsaktien (Growth-Aktien), die
einen hohen Buchwert, ein hohes KGV und eine niedrige Dividendenrendite haben. Warren Buffett ist einer der bekanntesten Value-Investoren.

Vermögenswirksame Leistungen

Vermögenswirksame Leistungen sind zusätzliches Geld vom Arbeitgeber,
das Sie zum Vermögensaufbau nutzen sollten. Der Höchstbetrag, den
Ihr Chef für vermögenswirksame Leistungen bezahlt, liegt bei monatlich
40 Euro. Die genaue Höhe ist meist im Arbeits- oder Tarifvertrag geregelt. Bei der Anlage des Geldes haben Sie die Wahl zwischen verschiedenen Anlageformen. Die wichtigsten sind Banksparpläne, Bausparver-
träge, Fondssparpläne und die Tilgung Ihrer Baufinanzierung. Innerhalb

bestimmter Einkommensgrenzen erhalten Sie zusätzlich Geld vom Staat in Form der Arbeitnehmersparzulage. Der Sparbetrag wird frühestens nach sieben Jahren ausgezahlt. Auch staatliche Prämien erhalten Sie erst am Ende der Laufzeit.

224 Seiten,
geb. mit SU,
19,99 [D] / 20,60 [A]
ISBN: 978-3-86470-285-3

Jessica Schwarzer
Einfach erfolgreich anlegen

Die renommierte Börsenexpertin Jessica Schwarzer beweist:
Kapitalanlage muss nicht kompliziert sein.
Mit Indexfonds und ETFs wird der Vermögensaufbau ganz einfach.
Schwarzer zeigt, wie sich jeder erfolgreich selbst um seine Geld-
anlage kümmern kann, ohne dazu Wirtschaft studieren oder
Unmengen an Zeit investieren zu müssen.

240 Seiten,
geb. mit SU,
24,99 [D] / 25,75 [A]
ISBN: 978-3-86470-214-3

Jessica Schwarzer
Gierig. Verliebt. Panisch.

Gier, Größenwahn, Angst – all dies kann Privatanlegern wie
Investmentprofis in die Quere kommen und den Erfolg an der
Börse torpedieren. Jessica Schwarzer identifiziert zehn Typen,
denen wir lieber nicht nacheifern sollten. Und mit zehn bewährten
Tipps zeigt sie, wie wir es besser machen und jederzeit
einen kühlen Kopf bewahren können.